中公新書 828

北岡伸一著

清　沢　洌

外交評論の運命

増補版

中央公論新社刊

増補版への序文

この本の初版は、一九八七年一月に刊行された。それ以後、私は清沢洌についていくつかの文章を書いている。そのうち主要なものは二つである。

(1)「若き日の清沢洌――サンフランシスコ邦字紙『新世界』より」(『思想』七六五号〈一九八八年三月〉所収)

(2)「清沢洌におけるナショナリズムとリベラリズム――日中戦争下の欧米旅行日記より」(『立教法学』四二号〈一九九五年〉所収)

(1)は、一九一四年から一八年にかけて清沢がサンフランシスコの邦字紙『新世界』に書いた記事や論説を対象として、若き日(二十四～二十八歳)の思想形成を論じたものである。旧版執筆時に入手できなかった『新世界』が、まもなくマイクロフィルムで入手できたため、旧版で空白となっていた部分をかなり埋めることができた。

(2)は、一九三七年から三八年にかけて、日中戦争のさなか、欧米を旅行した際の清沢の言動、とくにその思想的動揺を、日記をもとに論じたものである。ただ、この日記は、旧版執筆当時にも利用しており、論文自体は旧版の内容をより掘り下げて論じたものであって、とくに多くの新しい事実や論点を盛り込んだものではない。

今回の改訂にあたっては、紙幅の制限もあり、(1)を巻末に収録し、(2)については、これを収録せず、若干の内容を付け加えるだけとした。できれば、これらを総合的に盛り込んで書き改めるべきだったかもしれないが、たまたま新しい仕事に就くなど、多忙を極めていたため、このような方針となった。読者のご了解を請うしだいである。

また、あわせて旧版のいくつかの誤りを訂正したが、この点については、とくに松田義男氏から寄せられたご教示に多くを負っている。記して感謝申し上げる。

なお、本書の副題は、旧版では「日米関係への洞察」だったが、「外交評論の運命」と改めた。旧版においてもそのように希望したのだが、出版社側の意向で不採用となったもので、今回、最初の希望をいれてもらった次第である。

さて、旧版を刊行した頃、日本はバブルの絶頂にあった。清沢が直面したような日米間の巨大な経済力の格差は、すでに解決されたように見えた。それどころか、もう外国に学ぶものはないという日本人も少なくなかった。

しかし私はそういう風潮に大きな違和感をもっていた。アメリカでも少し郊外に出ると、素晴らしく広大で美しい自然が広がっていて、親切な人々がいる。大学のキャンパスには何かゆったりとした時間が流れている。どうも日本人はアメリカの底力を見失っていないか、アメリカのみならず、世界に学ぶことはまだまだ多いのではないかと感じていた。

旧版の最後を、私は、「逆境を切り抜けることに比べ、順境にスポイルされないことの方が容易だとは決して言えないのだから」と締めくくっている。そのとき、それほど深いことを考えていたわけではなかったが、実際、日本は順境にスポイルされ、九〇年代を失われた十年としてしまった。

バブルとバブル崩壊の遠因を日本人の奢《おご》りに求めるなら、それは教育の問題にたどり着く。教育は、清沢が晩年の日記で繰り返し論じたもののひとつだった。一九四五年二月十五日の日記で清沢は、「教育の失敗だ。理想と、教養なく、ただ『技術』だけを習得した結果だ」と述べている。現在、日本経済は苦境を脱しつつあるのかも知れないし、そうでないのかも知れない。いずれにせよ、日本が再び飛躍するためには、教育の抜本的な改革が必要だろうと思う。

ところで、旧版刊行の頃、冷戦は終焉《しゅうえん》に向かっており、世界には巨大な変化が次々と起こるようになった。東欧の民主化、湾岸戦争、ドイツの統一、ソ連の崩壊、欧州連合（EU）の成立、そしてアジアでは台湾の民主化、韓国の民主化等々。それとともに、私は現代について書く機会が増えた。巨大な変化を分析するには歴史的視野が必要だからという要請がある一方、私の方でも、これまで歴史を分析してきた枠組で目の前の巨大な変化が分析できるかどうか、興味深い知的チャンレンジだと感じたからである。

それに、同時代の外交を分析し、論じることは、清沢の評論の分析を通じて、間接的に経験したことだった。その意味で、私にとってこの著作は、歴史研究から現代研究へと向かう（歴史研究ももちろん続けているが）契機となった忘れがたい著作でもある。

現在、私は、国際連合日本代表部次席大使を務めている。外交を評論する側から、外交を実践する場に身をおくことになろうとは、夢にも思わなかった。その場所が国連だというのも、また興味深い偶然である。というのも、国際連合の基礎となったのは、連合国がワシントンの郊外のダンバートン・オークスで開いた会議（一九四四年八〜十月）でまとめた戦後秩序案であり、これを批判的に紹介したのが、清沢の絶筆だったからである。しかも清沢の批判は、何よりも、常任理事国が力を持ちすぎることに向けられていた。

それ以後、国連の地位も大きな変化を遂げた。最初、枢軸国に対する連合国の結束の場として構想された国連は、冷戦の激化とともに動かなくなってしまった。したがって冷戦終焉以後、地域紛争等で大きな役割を果たすようになったが、急増する課題に対応できないでいる。その一方で、近年のアメリカ外交からは国際協調の側面が後退し、国連とアメリカとの関係も難しくなっている。そうした難しい時期に、一学者がどれほどのことができるか、自信はない。ただ、少なくともよき観察者、分析者として、国連とそこに現れる国際政治の動きを、じっくり見極めたいと考えている。

最後になったが、新版刊行のため、多忙の中で動きの取れない私を叱咤激励してくれた吉田大作氏に感謝したい。

国連本部とイースト・リヴァーを見渡す書斎にて

北岡伸一

はじめに

清沢洌（一八九〇〜一九四五年）は今日、何よりも『暗黒日記』の著者として知られている。それは、平和回復後に現代日本史や現代日本外交史を執筆することを計画していた清沢が、その資料とするため、太平洋戦争下における日本社会の病理についての観察や批判を、ひそかに書きとめたものであった。昭和二十年五月、終戦の三ヵ月前に五十五歳で死去したため、彼の計画は果たされることなく終わった。しかしこの日記の一部が昭和二十三年に初めて紹介されると、自由主義の立場からする最も透徹した戦争批判として、大きな反響をよんだ。さらに昭和三十一年、日記の一部が再び雑誌に掲載され、また三十四年に一冊の本として出版された時、「暗黒日記」という名が与えられた。まだ戦争の傷跡の消えない当時、この名称は当時の人々の心に素直に受け入れられていった。昭和四十五年から四十八年にかけて日記の全体が全三巻で出版された時にも、その名称は引き継がれ、清沢の名とともに記憶されることとなった。

また清沢は、近代日本の政治史や外交史を学ぶ者の間では、『外交史』(一九四一年)および『日本外交史』全二巻(一九四二年。『外交史』の増補改訂版)の著者として知られている。それは、敗戦以前に書かれた最高の近代日本外交史であり、今日でも通用する優れた著作である。それどころか、細部はともかくとして、視野の広さ、全体を貫く視点の確かさ、叙述の見事さなどでは、これを凌駕する外交史はまだ書かれていないと言っても決して過言ではない。

しかしながら、彼は進んで日記の執筆や外交史の研究に没頭したのではなかった。外交史の研究は、言論統制の結果、彼の自由主義的評論活動が極めて困難となった昭和十五年頃から開始されたものであった。また日記は、そうした学術研究の発表すらも困難となった十七年末から、本格的に書き始められたものであった。このように、自由を奪われた晩年の活動によって知られているということは、清沢にとってあまり幸福なことではないだろう。

清沢は何よりも評論家であった。「我等(清沢と馬場恒吾をさす)が評論家でなくて、何人が評論家なりや」(『暗黒日記』一九四二年十二月二十八日)と述べるほど、彼はそのことに強い誇りを持っていた。彼の評論の対象は、日本の政治・外交・社会・思想から国際問題まで多岐にわたっていたが、最も得意としていたのは外交問題とアメリカであった。「予に、もし専門あらば『米国』と外交についてである」と清沢は書いている（同前、一九四四年一月九日）。それゆえ、この二つの専門の交差するところ、つまり日米関係について国民と政府とを啓蒙し、批判することこそ、彼の最も心血を注いだところであった。馬場恒吾が、「太平洋戦争前後、正鵠な米国観を樹立しておったのは、彼ただ一人」と述べたと言われるように（松原木公「清沢君の片鱗」下、『日米時代』一九五四年九月号）、清沢がその評論で示した日米関係の認識は、同時代人の中で、例外的なまでに鋭いものであった。しかしながら、不幸にしてこの分野は、言論統制が最も厳しく行なわれた分野であった。アメリカでグルー元駐日大使やドゥーマン元駐日大使館参事官などの日本通が重用されていることと対比して、清沢は、活動の場が与えられないことを嘆きつつ、外交史研究に転じ、日記の執筆に沈潜しなければならなかったのである。それは、清沢個人にとっての悲劇であったと同時に、日本全体の悲劇でもあった。

清沢の外交評論は、今日ほとんど忘れられたものとなっている。清沢に関する研究も、言論人としてよりは、思想家としての側面に焦点があてられている。しかし、彼の残したおびただしい外交評論を論じることなしに、清沢を論じることは出来ない。政治家が政治的業績で評価され、学者が学問的業績で評価されるように、言論人はその言論の質と量とによって評価されなければならない。あえて言えば、人間清沢も、思想家清沢も、彼が活字に著した言論の外にはないのである。このような観点から、石橋湛山などと並んで戦前期における最も優れた自由主義的言論人であった清沢の生涯を、その外交評論を中心として論じることが、本書の第一の目的である。

ところで、清沢に限らず、評論家の言論を分析するためには、彼がとらえようとした世界の現実と、彼が啓蒙しようとした世論の状況とを正確に把握し、その文脈の中に彼の言論を置いて見なければならない。清沢の言論を追いながら、同時に日本をめぐる国際関係の推移と、これに対する国民世論の推移とを追わなければならない。その意味で本書は、清沢という特定の軸を通して見た日本外交史――とくに日米関係史――でもあるだろう。実は清沢の人生自体、日米関係の変遷と象徴的に結びついていた。彼が移民として渡米したのは明治三十九年であるが、これは、それまで良好であった日米関係が、移民問題などを契機として悪化し始めた年であった。また清沢がアメリカから戻ったのは第一次世界大戦が終わる大正七年であり、世界におけるアメリカの威信が頂点に達した年であった。さらに、清沢が沈黙を余儀なくされたのは昭和十六年、その死が昭和二十年であって、いずれも日米関係の大きな節目にあたっていた。このように、清沢を論じることによって、日露戦争以後、とくに第一次世界大戦の終了から太平洋戦争に至る一つの日米関係史を提供することが、本書の第二の目的である。

第三に、清沢の評論活動は、決してたんなる過去の歴史にとどまるものではない。激変する国際関係を分析した彼の評論の中には、今日の日本外交とくに日米関係を考える上で、なお新鮮さを失わぬ根底的で鋭い洞察が数多く含まれている。清沢を論じることによって、今日の国際関係を把握する上で何らかのヒントを提供できれば、というのが、筆者のひそかな希望である。

本書の方法について一つだけ断っておきたい。言論統制が厳しくなってからの清沢の評論には、当然のことながら、検閲の網をくぐって読者にその意図を伝えるために、慎重な工夫がこらされている。たとえば清沢が満洲事変が一段落したのちに、満洲国の建設に専念せよと主張する時、その意図は満洲国の擁護にあったのではなく、華北に進出してこれ以上日中関係を悪化させてはならないという点にあった。また、単純な事実の指摘という形で政府の政策を批判し、自らの主張を述べることも多かった。その意味を、当時の心ある読者は正確に読み取ったものである。今日清沢の評論を理解するためには、したがって、その文脈に慎重な注意を払うと同時に、大胆にその意味を読み取ることが必要となる。筆者は自らの想像力の及ぶ限り努めたつもりではあるが、誤りが皆無とはもちろん言えない。一般向けのものとしては、やや煩雑と感じられるかもしれないほど多く、推定の根拠となる評論を（　）の中に示したのは、そのためである。学術書としての性格と一般書としての性格とを両立させるための方法として、読者の理解を得たい。もちろん一般読者の方は、その部分は飛ばして読んで頂いて結構である。なお資料の引用については、若干の明白な誤りを訂正し、句読点に多少の手を加えたほかは、用字カナ遣いの不統一を含めて全て原文のままとした。

本書を書き上げるにあたって、多数の方々に御協力を頂いた。東京大学の三谷太一郎教授と五十嵐武士教授、一橋大学の有賀貞教授、同志社大学の麻田貞雄教授、静岡大学の山本義彦教授、外務省外交資料館の栗原健博士、移民問題研究家の石川好氏、井口記念館の等々力古吾朗氏、清沢本家の清沢市治・うて子氏、中央公論社の近藤大博氏は、清沢研究を進めるにあたって有益な助言や機会を提供された。なかでも、多くの貴重な資料や談話を提供された清沢の次女・池田まり子氏と甥の笠原清明氏、そして編集の労を取られた平林孝氏には、厚く御礼を申し上げたい。

一九八六年十月

北岡伸一

清沢洌

目次

清沢洌

外交評論の運命

序章　青年時代

渡米直後（明治40年頃）

1　研成義塾

清沢洌は明治二十三（一八九〇）年二月八日、長野県南安曇郡北穂高村（現在の穂高町大字北穂高）に、清沢市弥・たけの四男一女の三男として生まれた。名は洌ではなく洌であり、キヨシと読むのが正しいが、レツと呼ばれることが多く、自分でも英文の署名ではほとんどの場合 Retsu を使った。現在の清沢家の当主で、洌の甥にあたる清沢市治氏によれば、当時の清沢家は手作一町歩、小作九町歩程度、村内で五、六番目の規模の農家であった。やはり市治氏が祖母（洌の母、大正十三年没）や母（洌の兄嫁、昭和四十一年没）から伝えられているところによれば、洌は書物と議論を好む負けず嫌いの子供であり、抜け目のないところがあって、親に理解がなかったためでもあろうが、野良仕事を他人に押しつけて本を読んだり、蔵の米をごまかして本代にしたりすることもあったらしい。

明治三十六年北穂高村小学校を卒業した清沢は、松本中学（現在の松本深志高校）に進むことを望んだが、父の許可を得られなかった。甥の笠原清明氏によれば、八歳上の次兄（笠原氏の父）が病気の母の看病などのため欠席がちとなって松本中学で落第し、そのことを父が気に病んでいて冽の進学に反対したためであるという。清沢自身は後年回想して、「おやじは何としても上の学校に行くのを許してくれない。今から考えても、無口な、実にいい父だったが、村長や議員になることをきらって、これに応じなかったような人柄だけに、教育とか地位なんかというものに、何らの意義も発見しなかったらしい」と述べている（清沢「無名の大教育家」、『井口喜源治』所収）。また清沢市治氏によれば、当時の清沢家が経済的に必ずしも順調ではなかったためであるという。おそらくその全てが原因であって、がんらい中・高等教育に関心の薄かった父が、冽の次兄のことで一段と進学に対して否定的となり、また学資にも十分な余裕がなかったということなのであろう。そのため冽は、毎日通学出来る範囲にある「お手軽な補習教育」というつもりで東穂高村にあった研成義塾に入り、明治三十九年まで三年間ここに学ぶこととなった（同上）。

研成義塾は、内村鑑三の影響を深く受けていた無教会派のクリスチャン、井口喜源治が明治三十一年に創立し、三四年に正式の認可を受けた小さな学校であった（宮沢正典「研成義塾」、『松本平におけるキリスト教』所収）。正式認可から三年目に清沢が入学した時には、七つのクラスがあり、塾生総数は三〇人程度であって、これを井口が一人で教えていた。学課の内容は旧制中学中級程度であり、これを三ないし四年で終えることを目的としていた。しかし研成義塾の最大の特色は、キリスト教に基づいた井口の人格主義教育であった（「無名の大教育家」）。

井口は立身栄達を戒め、「えらい人」ではなく「よい人」になることを説いて倦《う》まなかった。しばしば授業はみすぼらしい校舎を出て屋外でも行なわれた。清沢は後年、北アルプスを背にしたその光景を、「春になるとよく聖書と讃美歌とを持って万水《よろずい》という水足ののろい川のほとりに行って、若草の上に腰をかけて井口先生の話を聞いた」と懐かしんでいる。内村や山室軍平も時々やってきて話をした。山室の説教を聞いた時には、「僕らはその熱弁に感涙が出て、どうにも止められなかった。爾来《じらい》、僕は一貫して山室氏の支持者であり、その人格をかつて疑ったことはない」と清沢は回想している（同上）。このようなエピソードを思い出しながら、雄大なアルプスを目の前にして万水川から研成義塾跡のあたりにかけて安曇野を歩くと、何という素晴らしい教育環境だったのだろうと思わず嘆声を発してしまう。

ただ、研成義塾や井口をあまりに理想化して、そこに幸福な共同体があったと考えるならば、それは誤りであろう。研成義塾は、東穂高小学校教員であった井口が、厳格すぎる――見方によっては偏った――教育方針ゆえに小学校を追われ、支持者の協力を得て作ったものであった。したがって、村内における井口個人への反感も、キリスト教への反感も、はなはだ強かった。他の学校の生徒は研成義塾の生徒をアーメンと呼んでからかった。入学の勧誘に行っても反応は悪く、「アーメンはゴーメン」と言う者さえあった（栗林柳太郎「盆栽と弟子を愛する先生」、『井口喜源治』所収）。

私財をなげうち、すべてを犠牲とする井口の献身は、同情者以外から見れば変人の行為であり、狂信のなせるものであった。義塾に通った子供たちにしても、井口を慕って、あるいはキリスト教を学ぼうとして入塾した者は少なかった。入塾してみると井口の厳しさ、やかましさ、うるささ、窮屈さは想像以上であった。先にふれた小川のほとりで讃美歌を歌う光景にせよ、「歌詞もわからず音律もなまぬるい。それにオルガンさえなく、先生の調子外れの音頭による讃美歌がどんなに気《け》だるいものであったか」と感じる者もあったのも不思議はない。井口が朝の散策の途中で捧げる祈りにしても、向学心から入塾した生徒は味気なく感じ、恥ずかしくてしかたがなかったという。周囲の素晴らしい自然環境にしても、そこに生まれ育った者にとっては格別のものではなかった。ただ、中途でやめる者は比較的少なかった。「学科の熱心と面白さ」にひかれたためであった。そして最初は抵抗感を持っていた子供たちも、徐々に井口の献身に動かされていったという（武井哲雄「感謝第一」、同上所収）。清沢も、末は博士か大臣かあるいは大将かという無邪気な夢を持ち、不本意ながらここに入ったが、やがて井口に強烈な影響を受けることになったのである（「無名の大教育家」）。

この研成義塾からは大量の海外渡航者――とくに北米大陸への渡航者が出た。大正十一年の統計によると、南安曇郡出身者で北米に滞在する者は一一九名であり、このうち穂高地域の出身者は七九名を占めていたが、その多くは研成義塾で井口に勧められて渡米を決意した者であった。当時県当局では、渡米のためには中学校卒業またはこれと同等以上の学歴を要求していたが、井口の人物と義塾の実績とを評価して研成義塾卒業生には旅券を発給していた。なかには渡米を目的として入塾する者もあった。渡米ブームの頂点は明治三十九～四十年であって、この間研成義塾からの渡米者は四〇名を越えたと言われている（前掲宮沢）。清沢の友人であった斎藤茂は、「そのうち学問を志して行った人は一人もない。それはみな労働を目的として渡航した移民であった。先生はそれを勧めて恥とはさせなかった。たゞかつての清教徒《ピュリタン》の心持ちを堅く抱かせた」と述べ（斎藤「研成義塾と井口先生」、『井口喜源治』所収）、また別のところでは、「かのラウンド・ヘッドのピューリタン精神を移して精神的廃頽の彼の地同胞の間に神の国を建てるといふ大望（野心）を抱き、出稼移民の卑しい名の下にも大挙北米の加州に渡ることとな」ったと回想している（斎藤「くぬぎ林」、斎藤『わが日わが道』拾遺篇所収）。つまり事実は労働移民であったのであるが、ピューリタン的理想に支えられた行為であったのである。

清沢の場合も、「神に近い生活をなし得る百姓になるか、それともキリスト教の伝導《ママ》師になるか」という覚悟のもとに渡米を決心したという（「無名の大教育家」）。能力と意欲を持ちながら、経済的その他の事情で進学が出来ない若者が、井口のキリスト教の影響を受け、海外渡航を勧められた時、多くがこれに応じたのは決して不思議ではなかった。清沢もその一人であった。ただ清沢の場合、アメリカで勉強したいという意欲も重要な動機であったと言われている（山本義彦「戦時下自由主義の相貌」）。

これらの若者が渡米するにあたって、井口は壮行会を開いて彼らを激励した。その時の井口はふだんの優しい様子から想像も出来ぬ厳しい態度、熱烈な声調で、「いずこいかなる所へ行くも、神と共に歩むにあらざれば、千万の富を得るとも何の益かあらん」と説き、「天魔といえども近寄り得ざる威容、げに神の人とはかゝる人であったか」と感じさせるほどであったという（望月秀一「義塾魂」、『井口喜源治』所収）。また清沢の友人平林利治も、一時帰国して再渡米する際、意外にも井口が義塾の生徒を率いて駅に現れ、一斉に平林君万歳を高唱してあたかも出征軍人を戦場に見送るように送り出してくれたと、その感激を次のように述べている。「思えば、私は名もなき哀むべき一個の移民に過ぎないのに、何たる温い真情の流露なるぞ。子弟を遇するにかくのごとし。私はその刹那《せつな》、電気に触れたるごとく、霊感を全身全霊に感じた。ただただ感激の極に達した」（「井口先生を憶う」、同上所収）。ただ、井口の態度が例外的なほど愛情あふるるものであったかどうか、若干疑問は残る。この当時、自ら教育した十代の若者が移民として渡米するにあたり、いかなる教育者も平静でありえたはずはない。しかし若者たちが深い印象を受けたことは、間違いない事実であろう。

彼らはさらに横浜から出港する前、内村や山室を訪問して激励を受けるのが常であった。清沢もまた内村と会っている。とくに印象に残ったのは、内村が「さう神様々々と云ふな」「むかうへ行つても余りキリスト教を云ふな却つてむかうに理用《ママ》されるから」と言ったことであった。内村のアメリカ時代を思い出すと興味深いものがある。そしてこのことを綴った手紙を十二月二十二日井口に送ったのち、明治三十九年の末、清沢は横浜を発ってアメリカに向かった（『井口喜源治と研成義塾』所収）。

なお、当時渡航には、三等船賃六〇円、衣服の洋式化などを含む雑費九〇円、当座の生活保証のためのいわゆる「見せ金」五〇ドルなど合計約二五〇円が必要であった。これは生易しい額ではなかった。清沢の場合も両親は賛成ではなく、結婚の祝儀のつもりで出してくれと頼み、両親は子供を一人亡くしたつもりで同意してくれたという（前掲宮沢）。

2 アメリカ時代

当時アメリカまでは約二週間を要したので、清沢がワシントン州、シアトルに到着したのは明治四十年一月のことであろう。以後しばらく彼の足跡を追ってみよう。

三月頃シアトルかタコマで書かれ、研成義塾の同人雑誌『天籟《てんらい》』第七号（明治四十年五月十五日発行）に載せられた文章には、次のような近況が報じられている。

小生は今ハウスボーイをして居り候ふが、日本でやるお三どんよりかは余つぽどらくにて到底比較にはならず候。併し其れ故銭は取れず、小生か今十八弗日本銭参拾弐円に御座候。銭を取らふと思ふならば、鉄道工夫かソーミル働き（製板所）か百姓ボーイが一番宜しく、一日一弗五拾仙は請合いに候。仕事は一日十時間故随分むづかしき由に候。

多くの友達は、学校へ行くならば、早くスクールボーイに行つて学校へ上がる方が得策だと教へて呉れ、小生も其中にはスクールボーイに行かうと考へ居り候。

次いで五月四日付で井口に宛てた書簡（『井口喜源治と研成義塾』所収）と、五月二十一日付で斎藤茂に宛てた書簡（前掲山本所収）は、いずれもタコマから出されている。斎藤宛書簡によれば、この頃清沢は病院の掃除を仕事としていた。人種差別その他の問題で不満は多かったようだが、初めて見るワシントン州の初夏の美しさに、英語の勉強などは後回しにして歩き回り、近所の子供を相手に野球をしたりして過ごす日々であった。

秋になると清沢はそろそろ将来について真剣に考え始めている。教会に身を寄せながら十一月頃井口に宛てて書かれた書簡には、次のような方針が述べられている（日付不明、井口記念館所蔵）。

小生は自ら顧みてどうしても学問に趣く可《べ》きものと存じ候。而して天職も亦之なりと信じ（中略）候。元より小生は神を紹介する任務を負ひたく候。其経路としては農学を学びたく候。之は一つは聖職の故に□《ママ》を売らない様に、又小生の此空想的頭脳を漸進的実在《ママ》的に固むる様にとの志願に出でしものにして先きに内村先生の「農業か神学か」とか又は此度の「聖職と職業」と云ふ様なのに刺激されてに候。

つまり清沢は、内村の「聖職と職業」（『聖書之研究』一九〇七年十月十日号所収）などに示された、聖職それ自体は職業ではなく、他の職業に就いて神に仕えるべきだという考えに共鳴し、農学を学びつつ信仰に生きようと考えていたのであった。そのためにもまず学校に行くことが必要であった。同じ書簡で清沢は、来年（明治四十一年）の九月から学校に行く予定だと述べ、それまでに渡航費用三〇〇〜四〇〇円を返済するつもりだと述べている。返済の約束があり、家から独立するためには必要だと考えてのことではあったが、十七歳の青年にとって、容易なことではなかったであろう。

その後も清沢は様々な仕事をしながら、タコマ・ハイスクールに学んだ。先の書簡から見て、入学は早くて明治四十一年、あるいは四十二年のことであり、卒業は早ければ明治四十四年、おそらく一時帰国する前年の明治四十五年のことではないかと推測される。ただし卒業については確証がなく、結局中退に終わった可能性もある。なお清沢は、ハイスクール卒業後、ホイットウォース・カレッジで政治経済学を学び、さらにワシントン大学の聴講生になったと言われている。しかしハイスクール卒業推定時期と、その後の新聞記者としての活躍ぶりから見て、カレッジを卒業する余裕はまずなかったであろう。かりに正規の学生として入学したことがあったとしても、在学期間はごく短期のことであったと思われる。それに、清沢はのちに様々なところで過去の経験について書いているが、アメリカの学校の話は全くと言ってよいほど登場しないのである。いかに才能に恵まれ、勤勉であったとしても、渡米まもない若者にとって、生活と学校を両立させることは至難の業であったに違いない。

生活と勉学の困難の他に、さらに信仰に関する迷いがあった。前にもふれた明治四十年五月四日付の井口宛の書簡で清沢は、「小生の信仰（中略）は決して増し申さず候。併しながら罪に泣く事は以前に倍し申し候。然り元来小生には些の信仰有えず、若し強ひて〳〵見つけ出さんとならば夫れは小生の罪に泣く事に御座候」と述べている。なぜ自分はこんなに弱いのか、なぜキリストに頼れないのか、清沢はこのように迷い、若き日の内村がしばしば罪に泣いたことを思い出し、この迷い自体が自分の信仰の証かもしれないと考えたのである。少なくともこの年の秋頃まで、清沢が信仰に生きることに真剣であったことはすでに述べた通りである。

しかしまもなく清沢は、少なくとも井口の信じたキリスト教からは遠ざかっていった。明治四十四年頃に書かれたと思われる井口宛の書簡で清沢は、「小生は近時の小生の思想については寧ろ語るを恥ぢ申し候。既に自らの堕落を知り居るもの、又、強弁して其罪を飾るが如きは本来の素志には無之《これなく》候」と述べている。しかしその行動に問題が生じたのではなかった。清沢は続けて、「小生の思想の堕落は有之《これあり》、併し小生の行動が夫れ程救ふべからざる程になりたりと思はれ候はゞ失礼ながら少し違ふ処も有之べしと存じ候」と書いている。つまるところ、清沢は井口や内村の信仰が持つ一種の狭量さにあきたりなかったらしい。やはり同じ書簡で清沢は内村が「現代の思潮」なるものを全く認めようとしないことについて次のように批判している。「内村先生の如きは所謂思潮などと申せば直ちに一笑に附《ママ》して我が思想は常にキリストの内にありなど申され（中略）候へども、併し卑見の観察によれば其思想なるもの程、歴史に波欄《ママ》を添へ、又当代の青年の心を支配するものは無之と存じ候。故に宗教は尊ふべし、此思潮を解せざる徒は新しく教を伝ふるに足らずと考へ居り候」

この頃清沢はまだ二十歳前後の青年にすぎない。もともと前向きの性格を持ち、新しい現象に心を奪われ、そして後述するようにそれを筆に著して手応えを感じ始めていた頃である。そのような心の躍動を、内村や井口のような厳格な信仰の中に閉じ込めることがそもそも無理であったのであろう。そして清沢はかつてのような信仰にはもはや戻ることはなかった。後年彼は回顧して、二十歳をまだ越えなかった頃、キリスト教の罪悪感は常に自分の良心を脅かし、一日として心の安まることはなかった、しかしキリスト教を捨て、神を信じなくなってかえって安心の境地を発見したと述べている（『新世界』一九二四年三月二十六日）。キリスト教教育による理想主義の注入という点については、井口の影響力はまことに大きなものがあった。しかしそれ以上に強く、また厳格な意味での信仰の影響を、後の清沢に見出すのは無理ではないかと思われる。

清沢が最も熱中したのは学校でも信仰でもなく、文筆活動であった。すでに研成義塾時代から、清沢は同人雑誌に好んで執筆した。渡米後もこの同人雑誌その他への執筆は少しずつ続けられた。書くことは清沢にとって無上の喜びであった。書くことによってハイスクールの学費を捻出できないだろうか。こう考えた清沢は、シアトルの邦字紙『北米時事』の主筆であった藤岡鉄雪に突然手紙を出し、『北米時事』のタコマ支社をやらせてほしいと頼んだ。藤岡は早速これを承知し、清沢は新聞配達から始まって全てを一人でまかなうタコマ支社主任となった。おそらく明治四十四年初頭の頃である（『羅府新報』一九二八年七月八日）。

信濃太郎の名によるその文章はたちまちワシントン州の日本人移民の間で評判になった。シアトル付近の穂高地方出身者は大正二年一月、穂高倶楽部を結成して同人雑誌『新故郷』を発刊し始めたが、その第一号（大正二年三月）は、清沢のことを「当沿岸に於ける同胞中著名の文士なり」と述べ、「北米時事タコマ支社主任として在勤二ヶ年君が振へるペンは蓋し当沿岸出色の大文字たりき。（中略）誠に君の如きは天才の人と謂ふべきか」と讃辞を呈している。

大正二（一九一三）年一月、清沢は六年ぶりに日本に帰った。母国観光訪問団に『北米時事』の通信員として同行したものであった。帰国中、いったん早稲田大学に入学することが決まったが、学資問題で両親その他の協力が得られなかった。当時実家の実権は父から長兄の手に移っていたが、父のみならず長兄も、洌の学問に対する情熱にあまり理解を持たぬ人であったらしい（笠原清明氏談）。失望して清沢は五月帰米し、再び『北米時事』の仕事を始めた。帰米の挨拶状はシアトルから出されているから、タコマ支社から本社に移ったのであろう（井口記念館所蔵）。

その後清沢は大正三年十月頃サンフランシスコに移って同地の邦字紙『新世界』の記者となった（『新世界』一九一五年七月二十五日）。『北米時事』を主宰していた松原木公が『新世界』に移ったのに従ったものである。松原は『新世界』における清沢の活動について、「既に新聞編集に相当の経験を積んだ彼は、一時にどつと堰を切つた様に、絶倫の才筆を喚《ママ》発させ、記事の配列に、見出しのつけ方に、取材の範囲の拡大にすべて意表外の新機軸を開き、在米邦字新聞界に燦然たる新エポックを樹立した」と回想し、もしその手腕が東京で発揮されたならば、おそらく稀代の名編集者の盛名をうたわれた事は疑いないと述べている。とくに、当時邦字紙は経済面で手薄であったが、清沢は英字紙から有用な情報を選択して掲載し、大いに読者を利したという。清沢がその晩年東洋経済新報に身を寄せたことを考えると興味深い。松原はまた清沢の筆の早さについて、松原が新聞に関係した半生の中でも他に類のないほど猛烈な早さだったと回想している。人員の不足等もあって、清沢は午前から午後二、三時までを取材に費やし、その後猛烈なスピードで社会面全てをカヴァーすることが少なくなかったという（前掲松原）。清沢が一気に原稿を書き上げる早さは定評があったが、それはこの頃からのものであったようである。

清沢は大正七（一九一八）年八月ついに日本に戻った。その理由は、本場の日本で、より多くの読者を相手に筆を振るってみたいというところにあったのではなかろうか。アメリカ時代の旧友・翁久允がのちに回想したところによれば、清沢はしばしば、「僕はシアトルにゐた時分、中央公論とか太陽とか日本及日本人とか言ふ雑誌を読んで、いつかオレはこんな雑誌に堂々と書いてみたいと思つたものだ！」と語っていたという（「清沢洌を送る」、掲載紙不明、一九二九年八月二十三日)。才能を持ち、向上心——野心ないし功名心といってもいい——に溢れ、自らの文筆に自信を持ち始めていた清沢が、このように決心したとしても、それはごく自然なことであった。

3　移民問題

ところで、清沢が日本をあとにした年は、サンフランシスコにおける日本人学童隔離問題を契機としてアメリカにおける日本人移民排斥運動が最初の高まりを見せ、日米関係を緊張させるに至った年であった。清沢がアメリカに滞在していた当時、日本人移民はどのような状況に置かれていたか、そしてそのことは日米関係全般とどのように関連していたのか、移民体験が清沢にとって決定的な重要性を持ったと思われるがゆえに、ここで簡単に概観しておきたい(以下、主として永井松三編『日米文化交渉史』第五巻による)。

一九〇六(明治三十九)年十月、サンフランシスコ市学務局は、半年前の大地震によって多くの校舎が損壊し、過密授業となっていることを理由として、公立学校に通学する日本人学童に東洋人学校に転校することを命じた。東洋人学校とは、「悪習もしくは伝染病を有する者またはインディアン、中国人、蒙古人」を収容する学校であった。対象となった学童はわずか九三名で、施設の不足は口実に過ぎず、真のねらいは急増する日本人労働者を排斥することにあった。すでに日本人排斥を目指す団体が組織され、大地震で市の四分の三が焼失し、人心が荒廃する中で、日本人商店ボイコットや日本人料理店襲撃などが頻発していたのである。

この措置に対し日本政府は、日米通商航海条約に定められた最恵国待遇に違反するとして強硬に抗議した。シオドア・ローズヴェルト大統領は日本の主張を正当と考えて介入しようとしたが、かえってカリフォルニアの排日論者は激昂し、イエロー・ペーパーは日米開戦論を煽動する有様であった。連邦政府はとりあえずハワイその他の日本人移民がアメリカ本土に転航することを禁止する措置をとって、本土における日本人移民の急増を抑えようとした。一九〇〇年にハワイがアメリカの属領となって以来、ハワイからの日本人移民の転航は一年五〇〇〇人を越えるペースとなっており、その他にもカナダやメキシコに入ってからアメリカに潜行する者が少なくなく、これが日本人移民急増の主な原因であると考えられていたからである。この措置によって、サンフランシスコ市は一九〇七年三月、日本人学童の復校を決め、学童隔離問題はいったん解決した。

しかし日本から直接アメリカに渡る移民の数は減少しなかった。したがって排日の勢力も衰えず、日米戦争論がしばしば話題となる有様であったため、両国は移民問題について交渉を開始した。その結果、一九〇七年十一月から翌年三月にかけて、オブライエン駐日大使と林董《はやしただず》外務大臣の間に一一通の書簡と覚書が交換され、日本政府は自主的措置として、労働移民を行なわないことを約した。いわゆる日米紳士協約がこれである。なお、この際根底にあったのは、日米間の交流は教育ある階級に限定するのが賢明であるという考えであった。先に研成義塾の海外渡航熱に関連して、長野県当局が義塾の卒業生を中学校卒業と同等とみなす配慮をしたと述べたのは、このことと関係していたわけである。

紳士協約の結果、日本人移民は激減した。しかし日本人移民に対する攻撃、迫害は決して跡を絶たなかった。カリフォルニアでは一九一三（大正二）年外国人土地法（第一次排日土地法）が成立し、日本人（帰化不能外国人という表現を使うが、事実上の標的は日本人である）の土地所有が禁止されることになった。農業に主として従事していた日本人移民にとって大打撃であった。そして日本人移民が法人を通じて土地を所有したり、アメリカ生まれの子供（自動的にアメリカ国籍を持つ）の名義によって土地を所有したりし始めると、今度は一九二〇（大正九）年外国人土地法（第二次排日土地法）によって、日本人の借地権を禁止し、土地所有を目的とする法人に関わることを禁止し、また未成年者の財産の後見人になることまで禁止してしまった。

これより前、同じ一九二〇年の三月には、日本政府は自発的な措置として、いわゆる写真結婚を認めない方針を打ち出し、これにより渡米しようとする婦人には旅券を発行しないと決めている。写真結婚とは、故郷の両親や仲介者を通じて写真によって結婚を成立させ、入籍後に妻として渡航するものであり、簡便でよく利用されたのであるが、文化的差異もあってアメリカでは奇異なものと受け止められ、排日派の激しい攻撃の的となっていたものである。要するに、アメリカの排日派の行動は執拗であり、日本人移民は一歩一歩追い詰められていたのである。なお、圧倒的多数が独身男子であった日本人移民にとって、日本から妻を迎えることは死活的重要性を持っていたが、写真結婚以外でよく利用されたのが、配偶者を探して結婚するために団体で日本に一時帰国する迎妻観光団であった。清沢が一九一三年に同行して帰国したのがそれであった。

清沢が滞在した当時の日本人移民は、以上のような状況にあった。ワシントン州はカリフォルニア州に比べて日本人排斥が少ないところではあったが、決してこれと無縁ではなかった。一九〇七年七月末頃、まだ到着して半年程度の清沢が郷里に送った手紙には次のように記されている。「日米戦争の声は当地至る所に伝へられて居ります。（中略）兎に角、大和民族（中略）の此地に於ける待遇は驚く可く低いものであります。ジャップ！　スケベイ、之れか通り言葉です。彼等はあらゆる侮蔑の声を以て迎へて呉れます」

このような境遇にあった移民たちにとって故国は限りなく懐かしい存在であった。清沢は後年、「外国に居ると、日本といふものがどんなに有難くまた偉く見えるか知れない」と述べ、青年時代、全く偶然に日本海軍の軍楽隊の行進に出会った時のことを、次のように回想している。「突然外で楽隊の声が聞える。（中略）何の気なしに二階から首を出してみると、見よ、日本の海軍々人が隊伍を堂々と組んで、目抜きの場所を行進してゐるではないか。ハッと思ふと私の眼からは、たゞもう涙が止めどもなく流れてゐた。感激と、望郷の念と、同族の誇りが、嵐のやうに若い私の血の中に躍るのを感じた。（中略）音楽的に批判すれば、恐らくは単調で、到底米国の本職のそれとは、比較にならぬであらうところの海軍々楽隊の行進曲が、私には、どういふ名人の音楽を聞くよりも、心よく耳に響いた。そして、私はそれを抱くやうにして、暫らくはそこに立ちすくんだまゝ動き得なかった」（「柔道試合」、『自由日本を漁る』所収）。

ところがその祖国の政府は、移民保護には決して熱心でなかった。政府に衝撃を与えたのは、「大国」日本の国民が他の国の国民と差別されたことであって、移民に対する迫害それ自体ではなかった。それゆえ政府は移民の利益を犠牲にしてでも一等国としての体面を守ろうとした。紳士協約の狙いもその後の政策の基本も、そこにあった。このようにして移民たちは、故国の日本人に倍する故国への一体感を持ちながら、その政府から見捨てられていた。のみならず、じっと静かに迫害に耐えていた彼らは、本国政府が体面の問題で激昂し、感情的な対応をすることに、当惑し、不安を覚えざるを得なかった。あとに何度も述べるように、清沢は終生政府に対して不信感にも似た、距離を置いた態度をとり続けたが、それはこの移民時代の経験に根ざしていたのであろう。

もっとも、仮に日本政府が移民保護に力を入れたとしても、効果があったかどうかは疑問である。日本の外交は当然連邦政府を相手とするわけであるが、州の独立性が極めて強いアメリカでは、たとえ連邦政府を説得しえたとしても、連邦政府が州の問題に介入する能力はごく限られていたからである。シオドア・ローズヴェルトのような強力な大統領でさえ、若干ふれたように、容易にカリフォルニア州を説得することができなかった。そのことを清沢は熟知していた。カリフォルニア土地法の成立後まもない一九一四年、清沢はある小論文において、移民問題の外交的解決について、考えられるあらゆる場合を想定して冷静に検討したことがある。その結果、清沢は、移民問題の政治的外交的解決は不可能というはなはだ悲観的な、しかし明快な結論に到達している。

ただ清沢が移民問題全体について悲観的であったわけではない。彼はむしろ長期的には楽観論者であった。彼によれば、日本人が迫害されるのは、あまりに勤勉でアメリカ人労働者の職業を脅かすからであった。したがってそれはむしろ日本人の強みであった。もう一つの問題は、日本人移民のかなりの部分が定住を目的とせず、出稼ぎ意識を持っており、収入の多くを郷里に送金し、また日本人だけ集まってアメリカ人と交際しない閉鎖的社会を作っていることであった。これでは排斥されるのも無理はないと清沢は考えた。このうちの長所たる勤勉さを失わず、かつ欠点を改めれば、つまり定住の覚悟を決め、現地に再投資し、アメリカ人と積極的に交際するようにすれば、日本人移民は必ず現地のアメリカ人と融和し、発展していくことができると清沢は考えた。なぜなら、第一に、西海岸に豊かな経済的機会が存在する限り、良質の労働力が必要とされるからであった。たとえ日本人移民が一時排斥されても、これに代わって東欧、南欧などから大量の移民がやってくるであろう、そうすれば日本人移民が意外に良質の労働力であったことにアメリカ人も気付き、融和が可能となるであろうというのである。第二に清沢は、日本人移民の間の結婚、出生の比率が高いことを指摘し、アメリカに生まれた子供はアメリカ市民としての権利を持つため、これを利用すれば土地所有の制限はさほど恐れることはないと論じた。要するに清沢は、移民問題の将来を決定するのは経済的要素であり、政治的要素――日本政府の保護にせよアメリカ側の迫害にせよ――ではないと信じたのである（「日米問題の現状」「日米の問題と其解決の途」、『新故郷』第三～四号〔一九一四年〕および五号〔一九一七年〕所収）。

すでにふれたように写真結婚の禁止などの措置がとられたため、清沢の予言は全て的中するというわけにはいかなかった。大規模な発展は不可能となった。しかし、すでにアメリカに滞在していた移民について見れば、彼らは結局成功を収めたと言ってよいであろう。そのことを清沢は、後述するように、後年のアメリカ旅行で確認することになる。

ただ、長期的な発展を信じるにせよ、当面は十二分に慎重な態度をとることが必要であったことは言うまでもない。アメリカの不当な迫害に激昂して熟慮を欠いた行動に出ることは、どうしても避けなければならなかった。清沢が後年書き残した柔道の試合に関する次のエピソードは、その意味で興味深いものである（前掲「柔道試合」）。

アメリカ人は柔道を日本の神秘の術として畏怖しており、移民たちもそれを誇りにしている。ある時日本から柔道の大家がやってきてアメリカのレスラーとの試合が興行として組まれる。清沢は彼の編集する邦字紙で大々的に取り上げる。移民たちは大挙して、しかも知っている限りの白人を誘って見物に出掛ける。今日こそは日本人の凄さを思い知らせてやるのだ。日本人の顔には決死の表情がある。柔道家には盛んに声援が飛ぶ。いつもは白人の前で日本語を使うのは控えているが、もうそんなことは言っていられない。しかし向かい合った二人はあまりに対照的だ。日々鍛え上げた素晴らしい肉体のアメリカ人レスラーと、いかにも貧弱な体の日本人である。一体大丈夫だろうか。いや、心配はない、相手の力を利用するのが柔道だ。心中の疑念を追い払って清沢は勝負に見入る。……しかし柔道家はあまりにあっけなく、また惨めに敗れてしまう。移民たちは言葉少なに家路につく。あの柔道家は何だ。

昨日も大きなことを言って豪遊していたらしいではないか。どうもニセモノにつかまってしまったらしい。本当の柔道家はあんなものではない。今度こそ本物の柔道家をよんでアメリカ人に目に物をみせてやらねば……。

巨大で豊かなアメリカと比べると日本はあまりに小さく貧しい。ところがアメリカは日本に同情するどころか、その発展を妨害しようとする。あまりに不公平、あまりに横暴ではないか。何とかこのアメリカを痛い目にあわせる方法はないか。われわれには物質的な要素だけでは計り知れぬ伝統に根ざした力があるのではないか……。この柔道試合のエピソードを貫く心理は、また日米戦争を貫くそれでもあった。そのような心理に軽々しく動かされてアメリカに戦いを挑み、柔道試合の愚を国家レヴェルで繰り返すことだけは何としても避けねばならなかった。十二年の移民生活によってアメリカを熟知するに至った清沢は、のちにそれを彼の評論活動の最後の目的とすることになるのである。

以上に見てきたように、移民として移民問題を経験し、観察したことによって、清沢はその生涯を貫く対外政策分析の枠組を形成したと言ってよい。何よりも重要なのは経済力であり、それは民衆の勤勉を基礎とするものであった。それに比べれば政治の役割は二義的であった。しかしそれは政治の重要性を否定することではなかった。何が経済合理的であるかは、決して容易に発見できるものではないし、また人間はしばしば激情にかられて自らを見失いやすいものであったからである。政治や外交の限定された、しかし重要な役割は、国民の経済力を賢明に導いていくことにあった。このような思想は、当時の日本においては例外的なものであって、国民の発展は国家の発展と等置され、国家の発展の枠の中で考えられるのが普通であった。清沢がユニークな外交評論家として出発する準備は、ほぼ出来上がっていたのである。

第一章　新聞記者時代——国際協調と政党政治

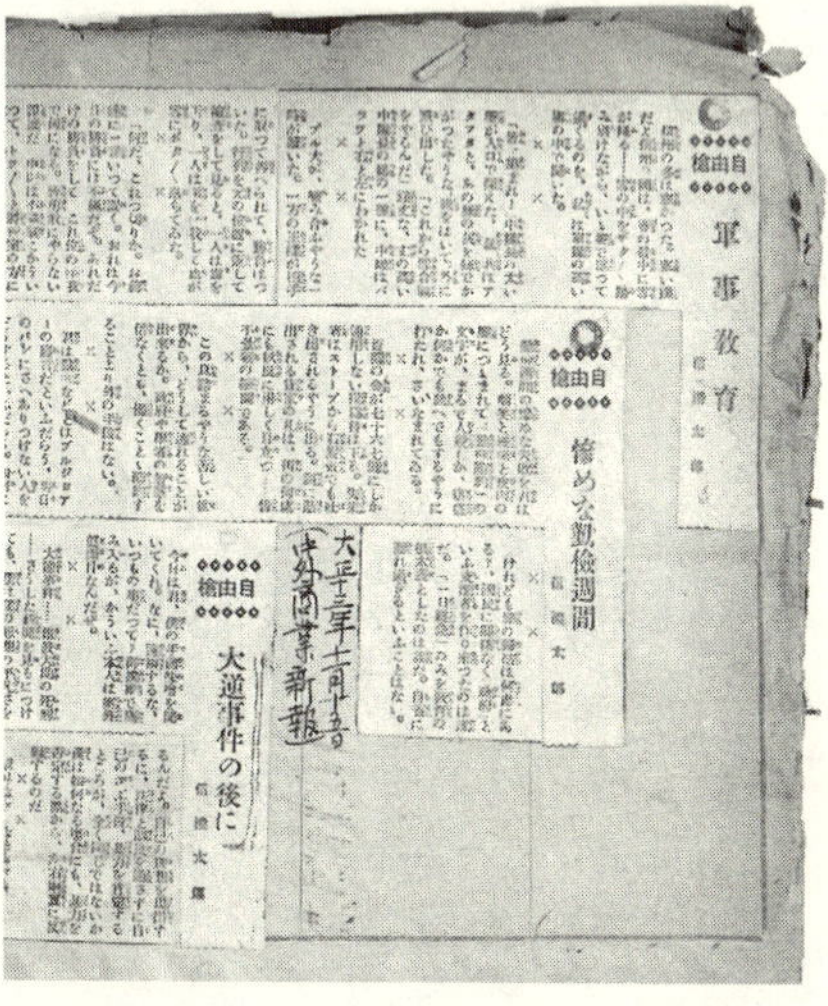

清沢のスクラップブックから（大正13年11月）

1　中外商業新報に入る

清沢は大正七（一九一八）年八月、日本に帰った。上陸した日、横浜市街は夕方から混乱し始め、電車はとまり、宿を探すのにも難渋する事態となった。米騒動であった。当日清沢を出迎えて夕食を共にしていた松原木公は、「それはこの革命児の帰朝を迎うるに、いともふさわしい添景ともいうべきであった」と回顧している。

帰国する前から、清沢は横浜の商社森村組に就職することが内定していた。そして徴兵猶予を得るために、五、六ヵ月の後には会社の仕事で再び渡米するつもりであった。しかし森村では入社早々の海外勤務は認めない方針であったため、月給（一〇〇円）や出勤する日まで決まっていたが、入社は取り止めとなった（笠原政一宛清沢書簡、一九一八年八月十八日および十月二十八日付）。まもなく清沢はやはり横浜の貿易商であった菅川《すがわ》商会に入り、翌大正八年四月渡米してシアトルに行き、十二月帰国した。

清沢は菅川商会との関係を一時的なものと考えていたが、帰国してみると大いに親切にされたので、しばらくここに留まることとした（同前、一九一九年四月八日、十二月十五日付）。しかし清沢はいつまでも菅川商会に勤めるつもりはなかった。次兄の笠原政一に宛てた大正九年一月三十日付の書簡で、清沢は、「私も近頃は懸命で新方針を考へてゐます。着々向上せねばならぬのですから。斯うした事務員を長くやるよりも、苦しくも、何とか腕を揮ふ事をと苦心して居ります。一、二ケ月の内には目鼻が開《ママ》くかも知れません」と述べ、また六月十五日付の書簡では、「私も、自身の計画が着々進行して居ります」と述べている。清沢の計画が何であったかは分からない。しかし、ありあまる才能を自負しながら、遅れたスタートを切ろうとする清沢の焦りと野心は十分にうかがうことができる。

この間、大正九年三月頃、清沢は衆議院議員・植原悦二郎に福井屋旅館の娘、福井貞を紹介された。植原は同郷の先輩であり、同時にシアトル邦人社会出身の名士であった。また福井屋旅館はアメリカ移民がよく利用した移民宿であって、清沢も何度も泊まったところであった。四月五日には貞の両親が清沢のところに直接やってきて、自分は無財産だからと言う清沢に、あなたの人物を見込んだのだからそれは承知の上である、ぜひ娘を貰ってほしいと申し入れている。その結果、実家とも連絡をとって、清沢は結婚の意思を固めた。婚約は六月、結婚は十月のことであった（同前、四月五日、六月十五日付）。

ところで六月に帰郷して徴兵検査を受けた清沢は、合格して十二月に松本の歩兵第五十連隊に入営しなければならなくなった。これまで徴兵回避のための努力を続けてきたことからも分かる通り、すでに三十歳になり、また日本におけるスタートの遅れを取り戻そうと焦っていた清沢にとって、徴兵は大いに苦痛であった。十月三十日付で友人の斎藤茂に送った書簡で清沢は、「入牢期が迫つた」と述べており、また入営後まもない翌大正十年元旦、やはり斎藤茂に宛てた年賀状では、「軍国主義のために小さき石を運ぶの任に当り居り候。『陸軍歩兵二等卒』はその役目に依て得たる貴重なる肩書に候」と述べている（前掲山本）。いかに彼が軍隊生活を嫌悪していたかを示すものであろう。

松原木公によれば、清沢は入営早々に松原に葉書を送り、最初の教練で前へ進めとか右向け右といった号令にも逆らい、入営翌日にして営倉入りとなったと報じてきたという。これを清沢の反軍思想の強固さを示すエピソードとして評価する人もある。しかしそこに見られるのは、思想という以上に一種のカルチャー・ショックであった。正規の中等教育を受けず、そのままアメリカで青年時代を過ごして三十歳となり、運動も不得手であった清沢は、軍事教練に全くなじむことができなかったのである。また陸軍内部にしばしば見られた著しく偏狭な連帯責任の観念やリンチなどは、清沢に大きなショックを与えたに違いない（参照、清沢「軍事教育」、『中外』一九二四年十一月十二日夕刊）。

しかし幸いにも、清沢は一ヵ月もたたぬ一月八日、脚部疾患を理由に現役免除となり、横浜に戻ることになった。甥の笠原清明氏によれば、上官には清沢に同情する者があり、また清沢も背後から工作して、ごく軽微な脚の故障を口実に除隊となったものであった。大正デモクラシーの反軍的風潮に対して著しく受け身となっていた陸軍にとっても、清沢のような人間は最も扱いにくいタイプであり、早く厄介払いをしたかったのであろう。清沢は帰宅後知人に送った挨拶状に、次のように書いている。「一ケ月の軍隊生活は種々なる教訓と経験を与へ呉れ候。三十何歳の新兵として軍隊の長所に対しては無論正視を避けず候ひしも、其一般社会との隔離より来る短所弊害に対しても同様に眼を蔽ふ能はざるもの有之しは事実に候。併し乍ら何れに就いても感情一片の議論を為すには問題の内容が余りにシリアスなるものあり、愚見は更に他日を期し申し候」。実際、軍隊および軍隊的思考様式の問題は、ある意味で清沢の評論の最大の対象となったわけである。

これより前、大正九年八月頃、清沢は松原の紹介によって中外商業新報（現在の日本経済新聞）に入っていた（前掲松原）。九月七日付で斎藤茂に送った書簡は、「徴兵ニて、すつかり願望が狂ひ、目下仕方なく、中外商業と云ふに居り候。□□《二字不明》的商業新聞なれば、今少し経済を学ぶによしと思ひてのことに候」と、その近況を伝えている（前掲山本）。見られるように、中外入社は清沢にとって必ずしも本意ではなかった。表現意欲と功名心に溢れていた清沢は、経済専門紙という狭い場にその活動を限ることを好まなかったのであろう。しかし中外は当時、大戦後の好況の中で黄金時代を迎えており、大いにその活動を拡大しようとしていた（『日本経済新聞七十年史』）。その波に乗って清沢は、従来の中外の活動の枠を越えて執筆活動を行ない、世間に知られるようになっていった。翁久允も、「この新聞も名の示す通り、実業家中心の新聞であった。しかし彼は新聞を利用して（と云ふと彼は怒るかも知れないが）大に評論随筆界に活躍を試みたのである」と回想している（前掲「清沢洌を送る」）。ともあれ、移民問題に関して政治的要因よりも経済的要因の方を重視し、また『新世界』時代には経済記事の充実に新局面を開いた清沢にとって、中外への入社は自然な、また幸福な出発点となった。

入社から一年程度の間に、清沢は少なくとも署名入りで二本、無署名で四本のやや長い連載物を書いている。署名があるのは、「米国大統領の選挙戦」（一九二〇年十月十八～二十四日、七回連載）と「異端者」（同年十二月十二～十七日、六回連載）の二本であり、内容やスタイルから清沢の執筆を確定できるのが、「加州問題対応策」（同年九月二十一～二十七日、七回連載）、「加州刻下の排日戦」（同年十月二十九日～十一月一日、四回連載）、「大統領戦を顧みて」（同年十一月七～十一日、五回連載）、「日英米の経済戦」（一九二一年八月二十五日～九月一日、八回連載）の四本である。清沢がアメリカ問題、とくに移民問題の専門家として起用されていたことが分かる。

このうち二つだけについては、ここで簡単にふれておきたい。まず「加州問題対応策」は、入社早々清沢が「一記者」の名で書いたものであった。前にも述べたように、一九〇六年のサンフランシスコ学童隔離問題、一九一三年のカリフォルニア排日土地法問題に続き、第三の事件として起こったのが一九二〇年のカリフォルニア第二次排日土地法問題であって、これが偶然にも清沢の日本における言論活動の最初のテーマとなったのである。そこで清沢はアメリカ時代と同様に、いくつかの解決策を挙げて詳細に検討し、結局いかなる方法も効果を上げえず法案は通過するであろうと述べ、にもかかわらず決して排日はおさまらないであろうとはなはだ悲観的な予測をしている。しかし他方で清沢は、この厳重な排日法にも種々の抜け道はあり、日本人を絶体絶命の死地に陥らしめるものではないとし、「生きると云ふ問題の前には由来法律などは欠点の多いものである」と述べている。かつての根底的な楽観論もまた持続していたのである。日本と英米を見比べるといかにも富の分配は不公正である。しかし日本は侵略主義をとるべきではないし、とることもできない。結局日本は「此冷やかなる事実を基礎として進むの外はない」というのが、移民問題を論じたこの記事において、清沢が日本の対外政策全般のために引き出した結論であった。

もう一つの「日英米の経済戦」は、アメリカが一九二一（大正十）年七月、軍備制限と極東問題のためのワシントン会議（同年十一月～二二年二月）を提唱してきたことについて書かれたものである。当時日本ではこの会議について、英米が提携して対日圧迫に出たものと考え、国難来ると叫ぶ者が少なくなかった。また、アメリカに対抗するために、日英提携を強化することを説く者も少なくなかった。しかし清沢は、好むと好まざるとにかかわらず世界の中心勢力はアメリカに移りつつあるという認識から、イギリスと親しんでアメリカと対抗しようとすることの不可を述べ、またアメリカのアジアへの投資は日本にとって歓迎すべきものであると論じている。たしかに世界に経済戦はなくならず、むしろ激烈となるであろう、しかし経済戦は経済戦として感情と誤解と偏見なしに直面しなければならない、このように経済問題を経済問題として見るために、この軍備縮小会議は最も重要な好機会である、こう述べて清沢はワシントン会議を歓迎した。ここでも「加州問題対応策」と同様、清沢はアメリカ時代以来の個性的な主張を展開していたのである。中外入社早々、外交問題を論じて清沢は好調なスタートを切ったと言ってよい。

2 「青山椒」と「自由槍」——コラムによる国内問題批判

ところが、この「日英米の経済戦」を最後に、清沢の執筆が確実な外交関係の記事や論説はしばらく姿を消してしまう。これに代わって彼の言論の主要な舞台となったのが、「青山椒」という投書欄であり、また「自由槍」というコラムであった。「青山椒」は大正九年一一月の『中外』の紙面改革で始められたもので、表向きは読者の投書欄ということになっていたが、実際は社内の記者が匿名で執筆することも多く、半ばコラムとしての性格を持つものであった。清沢はこの欄が設けられた当初から、アメリカ以来の信濃太郎のペンネームでしばしば執筆し、自己の主張を展開した。とくに大正十一年十一月より、清沢はこの欄の責任者になったらしく（「青山椒」一九二三年一月一日）、少ない時で一週間に一度、多い時には二日に一度のペースで執筆するようになった。まもなく清沢は、大正十二年九月に通報部長（のちに外報部長と改称された）の地位に就いたが（『日本経済新聞七十年史』）、「青山椒」への定期的な執筆は大正十三年五月まで続いた。

もう一つの「自由槍」は、大正十三年十月、『中外』が夕刊発行を開始すると同時にその一面に設けられたコラムであった。清沢は「自由槍」が始められて以来、週一回強のペースでこれを担当し、大正十五年七月までに一二〇回以上執筆した。そのほとんどの場合、ペンネームは信濃太郎であった。以上、大正十一年十一月より十五年七月まで、若干の中断をはさんで、清沢はコラムニストとして活躍し、主として国内の問題を取り上げることとなった。

なお、参考のため信濃太郎以外のペンネームについて記しておきたい。青山椒時代には多くのペンネームが使われた。信濃生、太郎生、出身地にちなんだ穂高生、安曇生、有明生

（清沢の生家は大糸線の有明駅から徒歩五分のところにある）、イニシアルからとったＫＫ生、Ｋ生、ケイ生、それに本名の清沢生、清生などもしばしば用いられた。中には清川沢次などというややふざけたものもある。その他、トピックによって一乗客、一市民なども使われていることが、清沢の記事を集めたスクラップ・ブックから分かる。ただし、関東大震災によってそれ以前のスクラップ・ブックは焼失したらしく、大正十二年九月より前にこのようなペンネームで書かれたものについては確認のしようがない。「自由槍」時代になると、その初期に時たま八面棒や鶴見住男（鶴見に住んでいた）というペンネームが使われたほかは、一貫して信濃太郎であった。

さて、コラムニストとしての清沢の言論を見る前に、彼の立場に大きな影響を与えた事件についてふれておきたい。大正十二年九月一日の関東大震災がそれである。清沢は震災で妻と娘、それに義母と義妹を亡くした。彼が四十九日の埋葬にあたって知人に送った長文の挨拶状は、愛情に満ちた感動的なものであり、彼が失ったものがいかに大きかったかをうかがわせる（前掲山本）。

しかも関東大震災は清沢にとって個人の悲劇にとどまらなかった。そこに起こった二つの事件に清沢は大きな衝撃を受けた。まず朝鮮人虐殺事件は、清沢にアメリカにおける人種的迫害を思い出させた。異人種に対する迫害や群集心理が生み出す極度の興奮は、彼にとって未知のものではなかった。清沢によれば、朝鮮人に関する流言に最も狼狽したのは軍隊であり警察であった。軍隊や警察こそふだんから朝鮮人を最も虐待し、彼らの反抗の危険を最も恐れていたからである。朝鮮人虐殺は、したがって、旧式な軍国主義、狭量な国家主義の行き詰まりを如実に示したものととらえられたのである（「震災と朝鮮人」、『新世界』一九二三年十一月六〜九日）。

もう一つ清沢に大きなショックを与えたのは大杉栄虐殺事件であった。妻と娘を失った清沢にとって、大杉とともにその妻（伊藤野枝）と甥までが殺されたことは他人事ではなかった。十月十一日の「青山椒」に、「何と云ふ卑怯な、下劣な、風上に置けぬ男だ」と書いて、甘粕正彦が事件を隠蔽しようとしたことを激しく非難した清沢は、まもなく「甘粕と大杉の対話」という一篇を書き上げる（当時未発表、のち『自由日本を漁る』所収）。それは、小菅刑務所の甘粕を大杉の亡霊が訪ねて対話するという形式のもとに、旧いタイプの国体論で自己の行動を正当化する甘粕に対し、大杉が徹底した批判を加え、甘粕の国体観は迷信であると断言するという内容のものであった。清沢は大杉の生前の直接行動論に必ずしも賛成ではなかった。しかし彼は甘粕の大杉虐殺を、新日本の勃興に対する旧日本の逆襲ととらえ、その許すべからざるを論じたのである。

このように朝鮮人虐殺事件と大杉栄虐殺事件とは、移民として迫害された経験と、そして妻子を亡くした悲しみと重ね合わされ、痛切にとらえられた。しかも二つの事件は、清沢にとっていずれも新日本の勃興に対する旧日本の逆襲によって引き起こされたものであった。このようなとらえかたは、大震災以前のコラムにも見られたものであった。しかし震災以後、旧日本を批判し、新日本を擁護する清沢の姿勢は一段と明確となり、その論調は一段と戦闘的となったのである。

清沢が「自由槍」などのコラムに書いた文章は、昭和四年に出版された『自由日本を漁る』の第五篇に収められている（「自由槍」より四九篇、その他のコラムより二〇篇）。この第五篇はやはり「自由日本を漁る」と題されているから、清沢のコラムニスト時代を貫いていた精神が、この本全体を貫いていたと見るべきであろう。その序文――清沢の本の序文は常に魅力的で、全てを引用したい誘惑にかられてしまう――は次のように始まる。「軍国日本はある、官僚日本はある、産業日本も形だけはある、が、自由日本は何処にあるのだ。見ろ、余りに強大な国家権力と、余りに階級的な社会意識のために日本の民衆は碾臼《ひきうす》の下に落ち込んだやうに、ひき廻され、こづき廻されてゐるではないか」。すなわち、日本政治、日本社会の自由主義的変革をいかにして実現するか、それが「青山椒」と「自由槍」における清沢の最大の問題関心であった。

コラムにおける主張の一つは、したがって、政党政治の確立に向けられていた。「青山椒」

が始まったのは原敬の政友会内閣の頃であった。しかし原が暗殺され、続く高橋内閣が内紛で倒れると（大正十一年六月）、海軍の加藤友三郎が内閣を組織した。それは四年ぶりの非政党内閣であった。しかし加藤はワシントン会議の全権として軍備縮小に協力した人物であり、政友会が内紛を抱え、野党の憲政会が弱体な中では悪くない選択であると考える者が少なくなかった。『中外』でも政治面の霞南生はそのように主張した。しかし清沢は、政党政治の確立という観点から憲政会内閣を主張して、霞南生なる人物を相手に「青山椒」で論戦を交えている（一九二二年六月九日〔清〕、十三日〔清〕、七月十日〔清〕、二十日〔霞〕、二十二日〔清〕、二十六日〔霞〕）。その後も山本権兵衛内閣、清浦内閣という二つの非政党内閣が続いたが、山本の実行力に若干期待した以外は（「青山椒」一九二三年八月三十日）、清沢は政党内閣を主張し続け、その障害となる貴族院、枢密院、軍などを手厳しく批判し続けた。

しかし当時の政党や政党政治家に清沢が満足していたわけではもちろんない。島田三郎の死に際して書かれた「あゝ島田君」という一文（「青山椒」一九二三年十一月十八日）は彼の考えをよく示している。その冒頭に「島田三郎君が死んだ。不遇のうちに死んだといふ。どぶのやうな中をはひ歩いて泥だらけの金をその手に握つて死なゝいことが『不遇』だといふならば、いかにもかれは不遇の末路にちがひなかつた」と書いた清沢は、島田のような潔癖な政治家ゆえに横浜は発展しなかったという説に対して、このような理想主義的政治家を選出し続けた横浜に敬意を表すると述べている。その後大正十三年六月には加藤高明を首相とする護憲三派内閣が成立し、八年間にわたって政党内閣が続くのであるが、清沢は以上のような観点から、権力追求のため手段を選ばぬ政党のありかたを批判し、よりよい政党政治の実現を期待し続けたのである。

しかし清沢にとって、国家や政治の問題は社会や生活の問題に比べて二次的な重要性しか持たなかった。「憤死者の遺書」という一文(「青山椒」一九二二年五月二十九日)で清沢は、藤田留次郎なる人物が政治の腐敗堕落を憤慨して二重橋の上で爆死したことを厳しく批判し、「彼は国家と云ふ大きな石垣が一足飛びで出来ると思つて居る。見上げる上の方の欠陥が実は下から積上げねばどうも出来ないものである事を忘れて居る。つまり政府の腐敗も議員の堕落も、それが醜い自分の姿である事が判らない」と述べている。国家や政府を支えている社会のあり方、そしてそれをさらに支える国民の意識、これが清沢の主たる標的であった。

こうした観点から清沢はしばしば国民の生活の問題を取り上げた。郵便局や鉄道の官僚主義・非能率・権威主義なども清沢のコラムの対象となった。ところが、これに対する批判が出たことがある。大正十二年六月十日に掲載された投書は、この投書欄は誠に結構であるが、近頃は電信局や車掌への苦情のような「屁の様な記事」が多い、もう少し「骨のある投書」はないのかと批判した。これに対し清沢は「骨のあるもの」という文章で反論した(六月十五日）。すなわち、日本人には身近な生活問題を「市井の雑事」と軽視する傾向がある。しかし「どぶの様な中に生活して『強国』呼ばはりには実際飽きた」、「便利で幸福な世の中を持ち来すのには、生活の権利を強く主張する外ない、此青山椒欄だけは『骨のあるもの』などは廃《よ》して、自身の周囲の改善から始めようぢやないか」と結んでいる。

この分野における清沢のコラムは、皮肉とユーモアにあふれた軽快なものが少なくない。たとえば「対路同志会」という文章（「自由槍」一九二四年十二月二十六日）は、東京の道路がおよそ都会の名に値しない貧弱なもので、雨が降ると泥道と化してしまうことを指摘し、対露同志会の代わりに対路同志会が、対米同志会の代わりに対泥同志会が、赤化防止団の代わりに泥化防止団が必要だと述べたものである。共産主義の脅威とか、ソ連やアメリカの脅威といった思想問題や外交問題に熱中して身近な生活問題を顧みない傾向を皮肉ったわけである。「華族と平民」という文章は（「自由槍」一九二五年七月十八日）、ある華族が芸者と心中未遂事件を起こして平民に格下げされた事件を取り上げる。自分はかつて平民であることを恥じたことはない、それなのに品行が悪いから平民にするとはけしからん、むしろ平生品行の悪いのは華族の方ではないか、このように清沢は批判する。また「警察の『高等』と『下等』」というコラム（「自由槍」一九二四年十二月二十一日）は言う。特別高等とか高等係というから弁当の種類か何かだと思っていたら、警察で社会主義者を対象とする連中らしい。

それが高等なら、泥棒をつかまえたり、人民を保護したりするのは下等なのだろう。警察がむやみにいわゆる不穏文書の取り締まりなどに力を入れ、一般人民の保護に不熱心なわけがやっと分かった。高等と下等の区別があれば、つい高等に力が入るのは自然の人情だろうから。しかし、われわれが恐いのは、不穏文書などではなく、下等の泥棒の方なのだが。

具体的な政策に関連するもので目につくのは、一つは思想問題であり、もう一つは軍備国防に関するものである。思想問題については、すでに一部ふれたように、当局が左翼思想の取り締まりに力を入れ過ぎることを批判していた。思想は自由競争にまかせるべしというのが清沢の基本的な立場であった（「思想を市場に出せ」、「自由槍」一九二六年五月十六日）。軍事・国防政策になると清沢は一層大胆に軍備の全廃を主張する。この貧しい日本がこれだけの軍備を負担して一等国であり続けることができるだろうか。もし軍備を廃止しても、一体どのような危険があるというのだろう。軍備全廃というと、血相を変える人もあるだろうが、一度真面目に考えて欲しい。地球が円いと言い出した人も、最初は狂人扱いされたのだから（「日本が軍備を全廃したら」、「自由槍」一九二四年十一月二十五日）。

それでは清沢の言論は、当時の日本の中でどのように位置づけられるであろうか。大正デモクラシーの中で、政党政治の確立や普通選挙の実現は常識的な主張であり、すでに社会主義も相当の力を持っていた。その他、様々な分野における自由化の主張は活潑に行なわれていた。多くの自由主義的言論人の中で、清沢はまだ若く無名であり、とくに目立つ存在であったとは思えない。多少は時流に乗ったところもあったかもしれない。

清沢のユニークさは、政治よりも社会を、とくに国民の意識や生活を重視したことであろう。長いアメリカ経験を基礎として、日本社会の特異性を見出すことは彼の強みであった。大正デモクラシー自体が、アメリカナイゼイションとしての面を持っていたから、他に例がなかったわけではないが、清沢はこの分野では当時の最先端にあったと言うことが出来るであろう。文章の切れ味も、この分野では鮮やかなものが多かった。

しかし、政治とくに内政を論ずる時の清沢には、何か物足りなさを感じることがある。たとえば馬場恒吾の政治家論と比べると、清沢のコラムはやや一面的で単調なところがあり、よりよい結果をもたらすための最善の方法を、現実政治の文脈の中で考え抜いているとは感じられないのである。その意味で、加藤友三郎内閣への態度をめぐって清沢と論戦を交えた霞南生が、「政策の如何を問はず、漫然政府に反対するのを偉いやうに思ふのが当然の風潮だ。（中略）信濃太郎君も御多分に漏れぬ当世人であらう」と清沢を批判したのは、あながち的外れではなかった。要するに今日の新聞が大所高所からする道徳主義的政治批判と同様の物足りなさが、清沢の場合にも見られたのである。

それは一つにはコラムという媒体のせいであろう。コラムは寸鉄人を刺すことには優れるが、問題をじっくり解明し、建設的な方法を提案することには必ずしも適さない。そのことに、実は清沢も気付いていた。これらのコラムに先立って日本社会批判を行なったものに、先にも挙げた「異端者」（大正九年）という連載物があった。その第一回で清沢は言う。「お早う」という言葉はただの挨拶であって、本当に心から朝が早いと思って言うわけではない、現代の役人気質を、封建時代そのままだと批判する者も、本当にそう思っているわけではない、概して世の「憤慨家」の言葉は、そのつもりで聞くべきものである、これから自分はチェスタトンを真似て異端的な現代日本観察を行なうが、これは要するに「久しく外国に居つた一青年の『お早う』である」ので、そのつもりで読んでほしい。このように清沢は述べていた。こうした考え方から政治を論ずる時、清沢は単刀直入に理想論を述べ、尾崎行雄や島田三郎を評価し、その結果いささか現実味を欠くこととなったのであろう。

しかし大正デモクラシーの行き詰まりが感じられるようになるにつれて、清沢の主張はいま少し内省的な傾向を帯び始める。たとえば、政治家批判という点ではこれまで同じ陣営にあったはずのジャーナリズムにも批判の目は向けられるようになる。新聞が政治家を下品な通称で呼ぶことを批判した「新聞と公人の名前」（一九二八年一月、『現代』一九二八年二月号、『自由日本を漁る』所収）はその例である。すなわち、朝鮮総督山梨半造を山半、関東庁長官木下謙次郎を木ノ謙、鉄道大臣小川平吉を小ガ平と新聞は呼ぶ、それは批判でもユーモアでも何でもない、ただ記者が一人その公人を侮辱して自ら楽しむという程度の低級な野次心に過ぎない、それが一体どれほど当人を不快にし、また公職に対する世人の軽視を惹起して、社会的に大きな害毒を流していることか。このように清沢は批判した。新日本と旧日本、進歩的勢力と反動的勢力、そういった単純な二分法では処理しきれない、より根の深い問題の存在を清沢は感じ始めていた。

昭和四（一九二九）年に出版された『自由日本を漁る』は、清沢の一九二〇年代における内政関係の文章を集めたものである。その目指すところがどこにあるかは、すでに序文の冒頭を引用して示した。しかし清沢は、そのあとに続けて、実は自分は四十歳を目の前にして迷いに迷っていると告白して次のように述べている。やや長文であるが、そのまま引用したい。

それは社会の事象に対する根本的な迷ひである。また自分が今まで把握して来たイズム——原則論に頼りえなくなつた悩みでもある。たとへば私は議会主義を信ずるといふ、併し議会を信ずるが故に、私は民意の現はれない議会、また現はれても自ら泥田に落ち込むやうな議会を支持することが出来るであらうか。私はまた官僚政治を排するといふ、併し如何なる無智なデモクラシーの弊害に会しても、私は官僚政治を排さねばならぬであらうか。

議会が醜化すれば直ちに解散を叫び、資本主義の弊害が見えれば直ちにこれを打破することを主張するやうな気短かな新聞と雑誌の原則論に、私は近頃首を横に振り通してゐる。かつて私は新自由主義者だと思つたこともある。私はまた社会主義者だと思つたこともある。併し今は私はそのどちらとも云ひたくない。私はイズムと公定式によつて生きうるものゝ気楽さを羨んでゐる。

この書の内容は重苦しい空気の中にある自由人の悲鳴だといつてもよければ、また荒狂ふ海を箒で掃くやうな、自由日本を漁るための空しい努力だといつてもいゝ。

清沢の迷いは、明らかに一つは大正デモクラシーの行き詰まりと関係していた。政党内閣は実現され、普通選挙法も成立し、第一回の普選は昭和三年に行なわれた。しかし画期的な変化は起こらなかった。それどころか、かつての官僚内閣以上の選挙干渉と言論弾圧が横行していた。もはや時代の進歩をオプティミスティックに信じるわけにはいかなかった。しかし、既成の原理原則に安易に頼るところからは独創的な評論は生まれるはずがない。清沢の迷いは、彼がもう一段の飛躍を成し遂げるために、どうしても通過しなければならない一段階であった。二〇年代における清沢の評論は十分魅力的ではあるが、真の充実を迎えるのはこれ以後であったと言ってよいであろう。

3　『米国の研究』――対米政策の批判

コラムでは主として国内の問題を論じたものの、清沢の本領はやはり外交であった。清沢の外交評論は、すでにふれた大正九～十年のいくつかの論文は別として、大正十三（一九二四）年における二つの出来事を契機として本格化する。その一つはアメリカにおける排日移民法の成立（五月）であり、他の一つは清沢が日本外交の主要な舞台であった満洲と中国を初めて旅行したことであった（六～八月）。これらののち、清沢は国際協調とくにアメリカとの提携を主張する評論家として知られるようになる。まず清沢のアメリカ観を、彼以外の親米派、国際協調派と比較しつつ検討しよう。

清沢が帰国してから数年間は、日本における国際協調主義の最盛期であった。大正九（一九二〇）年に日本国際連盟協会が設立されたことを始め、平和主義・国際協調主義を唱えるいくつかの団体が結成され、あるいは活動を拡大し、多くのオピニオン・リーダーがそこに所属して活潑な発言や行動を行なっていた。この動きは日米親善論と不可分であった。事実として、平和主義・国際協調主義の団体と、日米親善を目指す団体とでは、中心メンバーはほぼ同一であった（緒方貞子「国際主義団体の役割」、細谷千博・斎藤真編『日米関係史』第三巻所収）。アメリカは、国際連盟にこそ加盟しなかったが、ワシントン会議（一九二一～二二年）を主催し、不戦条約（一九二八年）を実現せしめ、ドイツ賠償問題についてはドーズ案（一九二四年）、ヤング案（一九二九年）によってヨーロッパの安定をはかるなど、一九二〇年代の世界における国際協調主義のチャンピオンであった。同時にアメリカは日本にとって、列国の中で最も困難な問題をかかえた国であった。当時の日本の国際協調主義者が、何よりもまずアメリカとの協調を重視したのは当然であった。彼らのことを、以下、国際主義・親米派と呼ぶこととしよう。

これらの国際主義・親米派に対して大きな打撃を与えたのが、大正十三（一九二四）年の排日移民法の成立であった。日本からの移民はすでに日米紳士協約によって厳しく制限されていた（平均一年五七〇～五八〇人程度）にもかかわらず、この法律は日本人を「帰化不能外国人」として、一切の移民を否定したのである。その成立の経緯もまた尋常ではなかった。この移民法の基本は、一八九〇年の人口を基礎として、各国に移民枠を割り当てることにあった。このように古い時期の統計を基礎とすること自体、新しい移民を制限する意図に出たものであることは言うまでもない。しかしそれによれば、日本は年間一四六人の移民枠が割り当てられるはずであった。問題は帰化不能外国人に関するいわゆる排日条項が成立するかどうかであった。しかるに、審議の途中で埴原駐米大使がヒューズ国務長官に――ヒューズの示唆に基づいて――送った書簡に、移民法の成立の結果、両国間に「重大ナル結果（grave consequences）」が生じることを恐れるという一節があったところから、米議会の強硬派は、これは戦争を示唆してアメリカを威嚇するものだと煽動し、ついに排日条項を含む新移民法が成立してしまったのである。埴原書簡がなければ排日条項が成立しなかったかどうかは何とも言えない。しかし grave consequences という言葉で埴原が戦争を示唆したというのは、全体の文脈からして無理な解釈であるし、日本政府にそのような考えは全くなかった。アメリカ議会の行動は、その意味で、はなはだ異常なものであったのである（外務省編『日本外交年表並主要文書』下巻、および有賀貞「排日問題と日米関係」、入江昭・有賀貞編『戦間期の日本外交』所収）。

日本への衝撃は異常なまでに強烈であった。世論は沸騰し、各種の抗議集会が開かれ、主要新聞社は連名でアメリカ批判の声明書を発表した。なかには抗議のため自殺する者さえあった。国際主義・親米派の受けた衝撃は、とくに深刻であった。主要な国際協調主義団体の全てにおいて最も重要な地位を占めていた渋沢栄一も、また、国際主義・親米派知識人の中で中核的存在であった新渡戸稲造も、深い悲しみと憤りを表明した。穏やかな人格者として知られていた彼らとしては異例のことであった。新渡戸が、この法が修正されるまでアメリカの土は踏まないと述べ、一九三二年政府の強い要請によって渡米するまでは、アメリカからの度重なる招待を辞し続け、国際連盟事務次長としてジュネーヴと日本を往復した際にもアメリカに立ち寄らなかったのは、よく知られている通りである。

国際主義・親米派がこれほどの衝撃を受けたのは、彼らが、アメリカは正義人道を愛する国であるというイメージを持っていたためであった。渋沢がこの方面の活動を開始したのは、幕末期のハリスの対日政策が、アヘン戦争に示された英仏の侵略的な政策と著しく異なる公正なものであったことを知って感銘を受けたからであったと言われている（前掲緒方）。また、ジョンズ・ホプキンス大学大学院時代ウッドロウ・ウィルソンの後輩であった新渡戸は、ウィルソンが大統領として提唱した国際平和、国際協調の理想に深く共鳴していた。その態度は、新渡戸を尊敬して彼の周囲に集まっていた多くの若者にも共有されていた。鶴見祐輔はその一人であったし、鶴見の周囲にはさらに一高弁論部を中心に、ウィルソンの理想主義に憧れる学生や卒業生が火曜会という集まりを持っていた。その別名をウィルソン倶楽部と呼んでいたことは象徴的である（北岡寿逸「鶴見祐輔さんの思い出」、北岡編『友情の人鶴見祐輔先生』所収）。とくに埴原書簡問題におけるアメリカ議会の卑劣とも言うべきやり方は、このようなアメリカ理解を持っていた人々にとって衝撃であったに違いない。

このような理想主義的アメリカ理解と対立していたのは、アメリカに対するイデオロギー暴露的批判であった。すなわち、アメリカの提唱している平和主義、国際協調主義とは現状維持の別名に過ぎず、持てる国である英米の利益をカモフラージュするイデオロギーでしかないとする批判が、早くから存在していた。若き日の近衛文麿が著した「英米本位の平和主義を排す」（一九一八年）は、その典型であった。このような文脈で見るとき、排日移民法がいかに国際主義・親米派を失望させ、彼らの立場を弱めるものであったか、容易に理解されるであろう。

清沢にとっても排日移民法の成立は不快であった。法案が下院を通過した頃、清沢は「米国人が他国の感情と面目を尊重せざること、暴君の如きもの」と述べてこれを批判した（「米国の排日的示威運動」、『中外』一九二四年四月十五日）。また埴原書簡問題については、「ある巨人が衆人の前で何人かを打つた。打たれた者はこの無法にして乱暴なる処置に対して抗議した。然るに此巨人はその抗議の文句が気に食はぬといつて、更に強く打ちのめした――これが米国の日本に対する態度である」（「排日案の上院通過」、『中外』四月十七日）と、その非道に対する不快を表現した。しかしそれは不快ではあっても意外ではなかった。清沢はアメリカ政治における西部の比重の上昇が、この問題で不利に作用することを理解していた。また移民問題の解決は不可能であることも、これまで何度も述べた通り、熟知していた。ただ長い時間だけが問題を解決するというのが清沢の見解であった（「排日問題早わかり」、『中外』四月二十〜二十二日）。

しかし、この問題によって日米関係を悪化させてはならないと清沢は信じた。日本の世論の激昂ぶりは放置してはならないと考えた。こうして書かれたのが、彼の最初の著作である『米国の研究』（一九二五年）であった。その序文で清沢は述べる。近頃アメリカに関する著作が山のように出る。そのほとんどはアメリカの野心、欠点、暴戻《ぼうれい》を指摘するものである。たしかにアメリカに欠点はある。ことに排日問題については、自分自身その渦中にあったことから、到底平静ではいられない。しかし私はある不安を感じる。「米国の非を攻撃するのはいゝ。けれども一の非を否定することにより、十の是をも否定し去ることは公平であらうか。日本自身に望んで、しかも期待し得ざることを、米国のみに強ひて、この点だけから米国を評価し去ることは、両国の親交を庶《こいねが》ふもののとるべき態度であらうか」「忘れてならない一事は、日本と米国とは、好むと好まざるとにかゝはらず、永遠の昔から、永遠の未来まで、太平洋を隔てゝ、相対して生きねばならぬ運命の下に置かれて居ることである。（中略）隣人の間で、疑ひ、罵しり、怒り、争ふことが相互の幸福でないことを信じる私は、時々に見る米国及び米国人の暴若《ママ》無人の態度に甚だしき不満を覚え乍らも、出来るだけの互譲と諒解によつて、両国の関係を善導したいと懸念する一人なのである」。このように日米関係を善導するためには、何よりも客観的でバランスのとれたアメリカ理解を広めることが必要であった。それが『米国の研究』出版の意図であった。かつて移民として辛酸をなめた清沢が、移民問題を契機として事実上アメリカを弁護するために最初の著書を出版したのは、まことに皮肉な偶然であった。

清沢が日米協調を主張したのは、何よりもアメリカの巨大な経済力ゆえであった。アメリカの経済発展は、清沢によれば、「二十世紀における最大な現象《フェノメナン》」（『アメリカを裸体にす』序文）であった。それは、世界史上に例のないものであり、いかなる国際関係にも深甚な影響を及ぼさずにはおかないものであった。とくに太平洋をはさんで向かい合い、対米貿易に大きく依存していた日本にとっては、アメリカとの親善関係は将来の発展のために必要不可欠であった。『米国の研究』の中でも清沢は、経済のアメリカがまず存在し、次いで政治のアメリカが存在するのであって、決してその逆ではないと繰り返し説いている。他の国際主義・親米派がまず政治のアメリカに注目したのと、それは対照的であった。彼らにとって象徴的な人物がウィルソンであったとすれば、清沢にとってそれは、あとでもふれるように、ヘンリー・フォードであった。

もちろんアメリカの経済力に注目したのは清沢だけではなかった。しかし清沢は、多くの日本人がアメリカの国土の広大さや資源の豊かさにまず注目したのと異なって、能率、勤勉、平均年齢の若さ（移民人口が多いため）、軍事費の相対的な軽さなどの人的・社会的要素をより重視し、また、これらの背後にある精神的要素——冒険的精神、自己の力を信じる精神——を一層重視した。アメリカの経済活動の外形にのみ注目した人々が、アメリカ人は拝金宗の徒であると考えやすかったのに対し、清沢は、アメリカ人が金銭を愛するのは、そこに現れる自己の実力に満足するからであって、決して金銭の奴隷などではないと述べ、この通俗的見解を斥けている。

このような精神的要素への注目は、政治を見る場合にも貫かれている。アメリカの政治制度を概観しつつ、清沢はその背後にピルグリム・ファーザーズと憲法制定の伝統が脈打っていることを指摘して、これを高く評価する。もちろん彼が当時のアメリカ政治の問題点に目をおおっていたわけではない。清沢はバートランド・ラッセルを援用しつつ、アメリカにはヨーロッパのような団体自治の伝統がないため、世論の専制が起こり、かえって自由が侵されやすいと述べている。その危険は、とくにフロンティアの消滅、産業組織の集中・高度化、移民の流入などによって一層強まっていると言う。移民問題、人種問題、禁酒法などはその例であった。しかしそれと同時に清沢は、排日の本場カリフォルニアにおける排日反対論の勢力を例に挙げ、世論の専制に屈しない健全な勢力が常に存在すると論じた。そこに彼は、アメリカ政治を根底で支える道徳的力の健在を見出していた。以上を踏まえ、対米政策について清沢は次のように提言する。

つまり日本が米国に有する悩みは、また米国自身の悩みなのである。米国の識者と為政家は、血にはやる群衆を如何にして正導するかに苦心し居り、しかし毅然としてその態度を鮮明する道徳的勇気を有してゐる。この二つの流れは米国建国以来相争闘して来たものであつて、米国が幾つもの欠点を包蔵しながら、大体に中正を謬《あやま》らず、われ等の望みを嘱するのもこの力が一方に植ゑつけられてゐるからである。

我等は心を大にして、卑近な言葉でいへば米国のこの正義派に力を貸して、米国の行く道を誤らしめざるだけの大抱負を要すると思ふ。即ち米国を形成する最善の要素（ベスト・ヱレメンツ）と結びついて、好戦派、煽動派を挾撃する程の大きなところを見せたいと思ふ。（『米国の研究』五四～五五頁）

結論は単純かつ常識的であるが、われわれはそこに、アメリカ経験に裏付けられた清沢の確信を見ることができる。

以上のように清沢のアメリカ像と他の国際主義・親米派のそれとの間には大きな落差が存在した。その背景として次のような事実を指摘できるであろう。国際主義・親米派は、大部分帝国大学の卒業生であり、政府と深い関係を持つ最高のエリートたち――帝国大学教授、高級官僚、および財界指導者など――であった。彼らは、まず書物に学び、アメリカに留学し、アメリカにおいて彼らと同じような立場にあるエリートたち、たとえば大学教授、連邦政府の高級官僚、外交官、あるいはウォール・ストリートの銀行家などと交際して、そのアメリカ像を形成した。これに対し清沢は、独学であり、政府と関係を持ったことがなく、移民としてアメリカの底辺に過ごした人物であった。在米移民に対する一体感を持ち続けた清沢にとって、移民問題は、感情的に反応するには、あまりに現実的な問題であった。要するに清沢は、様々なアメリカを知り抜いていたため、アメリカン・デモクラシーを、あるいはウィルソンを理想化してしまうこともなく、またこれに幻滅してしまうこともなかったのである。国際主義・親米派の後退に比べ、清沢がその立場を変えず、かえってその日米提携論を強めるようになったのは、そのためであった（たとえば「日米両国提携の必要」、『黒潮に聴く』所収）。

4 『黒潮に聴く』――満洲・中国政策の批判

排日移民法が最終的に成立した直後、大正十三（一九二四）年六月から八月にかけて、清沢は朝鮮、満洲および中国本土を旅行した。この経験を通じて、清沢は日本外交の主要な舞台である中国に関して独自の見解を持つに至った。そこから生まれた中国政策と、『米国の研究』において確立された対米政策とは、『黒潮に聴く』（一九二八年）と『転換期の日本』（一九二九年）において、包括的・体系的な外交政策にまとめられることになる。清沢の中国政策の特質を明らかにするために、ここでも、彼以外の国際主義・親米派の中国問題への取り組みから見ていきたい。

排日移民法の成立以後、国際協調を目的とする活動がやや活力を失った中で、大正十四年に創設されたのが太平洋問題調査会（ＩＰＲ）であった。それは、太平洋地域の問題に関心を持つ各国の知識人によって組織されたもので、その日本部会（ＪＩＰＲ）は、昭和初期における国際主義・親米派の有力な拠点となった。

ＪＩＰＲを象徴する人物は新渡戸稲造であった。新渡戸は昭和四年から八年に死去するまでＪＩＰＲの理事長を務めたのみならず、彼の強い感化を受けた若い人々がＪＩＰＲの主要な担い手であったからである。彼らにとって太平洋の問題とは、何よりも日米関係の問題であり、とくに対米移民問題であった。これは新渡戸の排日移民法への対応からも理解できるところである。その反面、彼らのアジアの問題への関心は薄かった。朝鮮の問題を取り上げることを、彼らは内政干渉であるとして拒んだ。中国問題についても関心は薄く、昭和二（一九二七）年ハワイで第二回会議が開かれ、イギリスのメンバーが当初の予定を変更して中国問題を議題の中心に置くことを主張した時、日本側にはそのための準備がほとんどない有様であった。それに、第一彼らが、中国とくに満洲との特殊密接な関係が日本の将来の発展にとって必要不可欠であると信じていたためであった。石橋湛山などの少数の人物を別として、それは当時の日本人の通念であって、これらの国際主義・親米派も決して例外ではなかったのである。第二に、したがって、彼らは中国や満洲の問題が日米関係の根幹を危うくするとは考えなかった。JIPRの主要メンバーは、のちに満洲事変が起こるとこれを擁護することになるが、その理由は、中国問題や日米関係に関する以上のような観点の中にすでに内在していたと言ってよい（以上、中見真理「太平洋問題調査会と日本の知識人」、『思想』一九八五年二月号）。新渡戸が、アメリカは必ず日本の満洲政策を理解するはずだと考え、満洲事変擁護のために悲劇的なアメリカ行脚を行ない、客死したことはよく知られているところである（参照、太田雄三『〈太平洋の橋〉としての新渡戸稲造』）。

では清沢の場合はどうだったのか。まず清沢の朝鮮問題について見てみよう。大正十三年六月朝鮮に入った清沢は、日本人の勢力が強大であることを認めたものの、それが朝鮮総督府・朝鮮銀行・朝鮮鉄道などの消費部門に限られ、生産部門においては全く見るべきものがないと考えた。日本が全体として朝鮮から利益をあげているとは到底言えなかった。その原因は政府が日本人に過剰な保護を与えるところに求められた。こうした消費部門のみの発展は、一部の階級に利益をもたらすだけで、朝鮮人全体には何ももたらすところがない、しかるに民衆が貧しければ需要が少なく、生産は発展するはずがない。このような悪循環を清沢は指摘する。要するに朝鮮統治は日本人にとっても朝鮮人にとっても利益の少ないものであると清沢はとらえた。また清沢は朝鮮独立運動家と会い、どんなに結果が悲惨であろうともあくまで独立を求めるとする彼らの主張に理解を示している。アメリカで迫害を経験した清沢にとって、彼らの主張は十分に理解しうるものであり、共感しうるものであったのであろう。結論として、言葉を選びながら、朝鮮人を同化することは不可能であって、自治を与える方向に進むことが最も賢明であると清沢は主張している（『中外商業新報』一九二四年七月二～三日、七～八日、十～十三日）。このような見方は、新渡戸などＪＩＰＲの知識人と大きく異なったものであった。

次に清沢の満洲問題観を、「満洲における特殊地位と日本の行ふべき道」（『外交時報』一九二六年一月十五日号）に見てみよう。そこで清沢は、満洲における日本の「特殊地位」の根拠を逐一検討し、それが十分な条約的基礎を持たないことを明らかにしている。それゆえ、日本が事実としていかに強固な地位を築いているかが問題であった。しかるに日本の勢力ははなはだ不振であると清沢は次のように述べている。「私は（中略）昨年及び一昨年の二回、続けて満洲方面を旅行した、そして内地においては事情に通ぜざる者は、日本領土の延長ぐらいに思つて居る満洲における日本人の経済的勢力が、満鉄を外にしては、甚だ薄弱であることに喫驚した次第であつた。（中略）日本の勢力は、たゞ一個の満鉄によつて支持されて居る有様であつて、他は殆ど悉くこれに附随する消費機関に過ぎず、何等見るに足るものゝないのに失望したのであつた」

しかも満鉄の将来についてすら不安があると清沢は見ていた。第一に、満鉄は鉄道以外にも多くの事業を経営していたが、採算がとれているものは、鉄道と撫順炭鉱だけであった。さらに、創立以来二〇年間に一〇回も総裁が更迭されていることに見られるように、政府の満鉄経営方針は首尾一貫したものではなかった。とくに政党の勢力が進入してからは、満鉄を資金源として利用する傾向が顕著であり、疑獄を生み出すに至っていた。このように日本国内からの不安要因に加え、第二に、外からの脅威があった。すなわち、中国ナショナリズムは、満鉄と関東州とを日本帝国主義による中国侵略の象徴とみなし、これを奪回しようとしていた。しかも、ソ連が革命後の混乱を乗り切りつつあったため、東支鉄道が満鉄の強力な競争者として復活することが予測された。第三に、当時中国の中南部に生じていた労働問題が、やがて満鉄にも及ぶことが予言された。中国における思想的発展は、華中方面から全国に及ぶことが通例であったし、近接するソ連の思想的影響が及ぶことも当然考えられたからである。要するに清沢は、「特殊地位」を支えるべき事実上の勢力においても、日本は意外に弱体であると看取したのであった。

なぜ日本の満洲経営はかくも行き詰まったのか。その主要な原因はあまりに濃厚な保護主義にあると清沢は断言する。「事業に対するヱンカレージメントは必要ではあるが、従来の如き極端なる保護は、人間を室さきの花の如く弱いものにしてしまひます」という。他方で清沢は、満洲における中国人が極めて勤勉であって、その事業を着々と発展させていることに強烈な印象を受けた（「行き詰まりの満洲」、『中外商業新報』一九二四年七月二十八〜二十九日、三十一日、八月一日）。そこに彼はアメリカにおいて人種的迫害にもかかわらずその勤勉な労働によって定着し、発展しつつある日本人移民の姿を見ていた。アメリカがその主権の枠内においてすら日本人移民の発展を抑制できないとすれば、日本がその領土の外にある中国人の発展を一体どうして抑制することが出来るであろうか。明言は避けているものの、勤勉な中国人によって日本が満洲から駆逐されてしまう可能性を清沢が感じ取っていたことは間違いのないところである。彼の同情が、政府の保護にもかかわらず十分な発展を成しえない日本人よりも、日本の圧迫に屈せず黙々として働く中国人の側にあったことも、また明らかである。

清沢が中国本土において最も注目すべきものだと考えたのも、やはり中国民衆の勤勉であった。最初に中国本土に入ってまもなく、清沢は、「私が支那人に感心するのは、（中略）その国民が如何にも勤勉な点であります。生れて働くために出来たやうに、労働して倦むことを知らぬ点であります」と述べている。一九二〇年代の中国の内政は混乱を極めていたが、それにもかかわらず中国が破滅も衰退もしないのは、何よりも民衆の勤勉ゆえであると彼は考えた。加えるに豊かな資源があった。清沢は、「私は一国の盛衰は結局その国民が多く生産するかせぬか、即ち労働するかせぬかによつて決するものであることを信ずるからでありますト」と述べて、中国の将来は明るいと論じた（「見たまゝの支那」二、『中外商業新報』一九二四年八月二十一日）。当時にあってはそれは少数派に属する見解であった。大多数の日本人はまず中国の政治の混乱に注目して将来の発展を信じなかったし、中国の経済的可能性を論じた者も、まず豊かな資源に注目した。これらの順序が清沢においては逆であった。

すでに明らかなように、以上のような清沢の満洲観、中国観の基礎にあったのは、若き日における移民経験であった。移民時代に形成された、国家や民族の発展の基礎をなすのは民衆の勤労に支えられた生産力であり、政治的な要素は二次的な重要性しか持たないとする思想は、こうして清沢の対外政策全般にわたる認識と判断の枠組となった。そこから彼は、日本の満洲政策は根底を欠くものであると考え、中国人がいずれは満洲を完全に支配し、また統一中国を発展させることを予測したのであった。

しかも清沢は、未来の豊かな中国は日本に大きな利益をもたらすと考えた。もし中国が敵であるならば弱い方がよいが、「お客」であると考えれば、強く豊かな中国の方が日本にとって好ましい、前者のような領土主義的政策から、後者のような産業主義的政策に移らなければならないというわけである（「国際的新時代来る」、『転換期の日本』第三篇第四章）。したがって、さほど有望でない満蒙の権益に固執して、中国との関係を悪化させ、はるかに重要な中国市場で不利益を被ることは著しい愚行であると清沢は考えた。こうして彼は、合理的な交渉のもとに満蒙権益を中国に返還することを主張するに至っていた（たとえば、「支那国民運動に対する疑問」、『黒潮に聴く』四三七頁）。

ただ清沢は、中国を過度に重視することに反対であった。日本なしにも中国は存在しうるが、中国なくして日本は存在しえないとする見解に対し、清沢は、日本が中国に依存する程度は、イギリスがヨーロッパ大陸に依存する程度以下であるとして、これを斥けている（同前書、四四〇頁）。それは、中国を「お客」と見た先の商業主義的国際関係観からして当然であった。顧客としてはアメリカの方が中国よりも明らかに重要であったからである。いま一つの理由は、中国の政治的不安定性にあった。清沢は、中国の政治が排外主義、反帝国主義によって動かされることについて、それは「国民主義」とは別のものであるとして、大きな懸念を持っていた。そのような、条約を尊重せず、一途に利権回収を叫び、そのためにはいかなる手段も許されるとする外交は、国際秩序の担い手たりえないからであった。このような盲目的な排外主義を抑えるためには、日英米三国が緊密に提携することが不可欠であり、それが唯一の方策だと清沢は考えていた。それゆえ中国政策の目標は英米でなければならず、中国に派遣する外交官なども、中国通よりもむしろ英米通の方がよいと考えていた(「見たまゝの支那」七、『中外商業新報』一九二四年八月二十六日)。これは当時にあっては極めてユニークな発想であったと言ってよいであろう(参照、北岡「ワシントン体制と国際『協調』の精神」、『立教法学』二三号〔一九八四年十二月〕所収)。

一九二八(昭和三)年に出版された『黒潮に聴く』は、一九二〇年代における清沢の主要な外交評論をまとめたものである。その題名はまことに象徴的である。なぜなら、清沢は日米、日中、日英、日ソなどの二国間関係の中で日本外交を考えるのではなく、太平洋をめぐって成立している一つの国際システムの中でこれをとらえていたからである。日本の開国と膨脹、イギリスの後退、アメリカの勃興、ロシアの革命、中国の覚醒といったいずれも巨大な世界史的意義を持つ事件が、太平洋の問題を構成していた。これらをすべて論じた上で、清沢が最も重視したのがアメリカの勃興であった。イギリスがもはやアメリカと離れた行動をとりえず、したがってイギリスと提携してアメリカと対抗すること——日英同盟がそれに近いものであった——はもはや不可能であると、清沢は前にふれた大正十年の「日英米の経済戦」以来考えていた。ソ連は時に日本に対して接近する気配を見せており、日ソ関係の改善は望ましかったが、ソ連と提携して米英と対抗することは、清沢の商業主義的国際関係観からいって問題にならなかった（前掲「日米両国提携の必要」）。また、中国と提携して米英と対抗することも否定されていた。日本が単独で米英と対抗することは論外であった。こうして、何よりもまずアメリカと提携し、これにイギリスを加えた日米英三国の提携によって中国ナショナリズムの暴発を防ぎ、他方で満洲権益を徐々に返還することによって中国との親善関係をはかることが構想されていた。これによって日本はまずアメリカとの関係において、次いで中国との関係において、貿易を中心として経済発展を期待すべきだ、というのが清沢の主張であった。

以上のような立場から、清沢は時々の政府の政策を批判する論文を執筆し、『中外商業新報』や、その後に勤めた『東京朝日新聞』以外の雑誌にも掲載するようになった。こうした初期の雑誌論文を代表するものが、田中外交（一九二七年四月〜二九年七月）を批判した「愛国心の悲劇」（『中央公論』一九二九年五月号）であった。そこで清沢はまず田中義一が行なった山東出兵の収支バランスを次のように検討する。山東に居住する日本人は二〇〇〇人、投下資本総額は五七万円、その他に山東鉄道関係の債権があるが、それらをすべて含めて、日本の「権益」は三五〇万円を越えなかったと清沢は計算する。しかるにこれを守ろうとして行なった出兵の費用は、海軍関係を除いても三七四〇万円を越えていた。それ以外に、出兵によって失われた多くの人命があり、また中国が山東出兵に抗議して始めた日本商品ボイコットがあった。これによる対中国輸出の減少は二億円にのぼると清沢は見積もった。しかも山東権益は守りえたわけではなく、多くの居住民が引き揚げざるをえなかったのである。

山東出兵は国内からも多くの批判を浴びせられたものであったが、日本人が自明と考える満洲権益についても問題は同様だと清沢は指摘する。満洲権益の中核は満鉄であるが、その財産総額は七億円、日本が満鉄から受け取る利益は五〇〇〇万円である。最初に四億円を投下し、二〇年にわたって経営し、様々な保護を与えればその程度の発展は当然である。それはしかし中国との貿易総額一〇億円の五パーセントに過ぎない。これを守るために一個師団をはるかに上回る兵力を常駐させているわけである。しかし日本の生命は貿易であって、その意味では日本の重要権益は中国の至るところにある。満蒙にだけ特殊権益があると考えるのは錯覚である。要するに「日本の国運と天秤にかけるほど大事がつてゐる満蒙の利権などゝいふもの」は、経済的にはさほどのものではなく、「日本の利益は実質であるより想像的、経済的であるよりも地図的満足にすぎない」と清沢は述べる。「愛国心を算盤珠にのるものにせよ。それが対支問題、朝鮮問題、台湾問題を解決しうる唯一の方法であり、又不景気打開策でもある」というのが清沢の結論であり、提言であった。

なお、田中外交としばしば対照される幣原外交についても、清沢の意見を簡単に紹介しておきたい。清沢が幣原外交の根底にあった自由主義的傾向を評価し、田中外交よりはるかに望ましいものと見ていたことに疑問の余地はない。しかし清沢はこれにも決して満足していなかった。「田中外交の文明史的批判」（『中央公論』一九二七年七月号）という論文において清沢は、幣原外交には、「余りに所謂自主独立の名に囚へられ、かつ（中略）他国を置去りにしても、自己だけが人気と利益とに居らんとする道徳的不純さ」があると批判している。すなわち、一九二五年から二七年にかけて、中国の反帝国主義運動がイギリスを主要な標的として華中と華南で昂揚した時、幣原は中国に対して著しく譲歩的な姿勢をとり、イギリスに対する協力を拒んだ。二五年に開かれた北京関税会議においても、率先して中国の関税自主権を承認する態度を打ち出し、英米を出し抜いて中国の好意を得ようとした。中国に対する譲歩それ自体を清沢が批判したわけではない。ただ、先に述べたように、中国政治の不安定に対する不安などから、清沢は中国との関係をあまりに重視し、日英米協調を弱めることには反対であった。それゆえ、自主外交の美名にかられ、英米に抜け駆けするような形で中国にアプローチすることに、清沢は根本的な疑問を持っていたのである。

ともあれ、昭和三年の『黒潮に聴く』から四年の『転換期の日本』にかけて、清沢はその対外政策を確立し、外交評論家としての活動を開始していた。ところで、この『転換期の日本』は、清沢がフリーの評論家として自立し、久し振りにアメリカを訪れる船の中で書き上げられたものであった。この間の経緯について、次に述べよう。

5　東京朝日新聞入社と退社

大正一五（一九二六）年三月七日、清沢は次兄の笠原政一に書簡を送り、各方面から原稿を依頼されて多忙を極めていると述べ、「近頃漸く存在を知られて来ました」と書いている。同書簡によれば、『太陽』『国際知識』『外交時報』『現代』『雄弁』の五誌が、四月号で清沢の原稿を掲載することになっていた。日本に戻って七年半、中外に入って五年半、通報部長となって二年半、三十六歳にして清沢は言論人として社外にも広く知られるようになりつつあったのである。

その年、大正十五年十二月、関東大震災で妻子を亡くして以来二年半の間独身であった清沢は、源川綾子（戸籍ではアヤ）と再婚した。媒酌人は再び植原悦二郎であって、新婦は植原の夫人が日本女子大で英作文を教えていた時の教え子であった（前掲山本、伊藤一男「野に咲いたバラ・清沢洌」、『北米百年桜』所収）。

清沢の二冊目の著作、『モダンガール』が出版されたのはこの再婚の直前、大正十五年十一月のことであった。その第一篇が「職業としての結婚」、第二篇が「職業としての細君」

となっているのも面白い。この本の序文は、著者とその友人とが対話する形をとっており、次のような「友人」の言葉で始まっている。「こん日は。馬鹿に暑いぢやないか……相変らず何か書いてゐるんだネ。今度はなんだい。婦人問題？　どうも君の浮気にも困るよ。外交問題だけでもいぢつてゐると、第一、危な気がないだけでもいゝんだが」。そこには結婚を前にした清沢の明るい気分が反映されている。また、次のような「著者」の言葉にもそれは感じられる。「考へてみるとわれ等の婦人解放論などは、筆の先の遊戯さネ、現に女大学流の典型婦人とモダーン・ガールを二人並べて、どちらを妻君にとるといはれたら、後者だといふ勇気は一寸なからうからネ、大きな声ではいへないけれど……」。実際、次女の池田まり子氏や甥の笠原清明氏によれば、綾子夫人は女大学ではないけれども、モダン・ガールとは無縁の女性であったらしく、清沢も家庭ではなかなかやかましい夫であったらしい。再婚の時の記念写真で、清沢は目を閉じて写っているが、しばしばその写真について、俺は目をつぶって結婚したんだと冗談を言ったという。暖かい家庭と、夫の優越とをうかがわせるエピソードではないだろうか。

しかしモダン・ガールは清沢にとって決して突飛なテーマではなかった。清沢が日本社会を批判する時、最も力を入れていたのは女性の隷従の問題であった。アメリカにおける女性の地位と比べるとき、それはいかにも異常なものと映ったのであろう。それゆえ、清沢は、

鵜の木の自邸を背に家族と（昭和10年頃）

新聞や雑誌が断髪・洋装・頬紅・厚化粧のモダン・ガールの登場を興味本位で取り上げたのに対し、より暖かい観点で視察し、評価している。すなわち、「モダーン・ガールは婦人反逆の第一声である」、それは、青鞜社の「新しい女」の登場と社会運動における女性の登場に続く第三の波である、少数者の運動であった前の二つに比べ、モダン・ガールが大きなうねりとなって登場したのは、それが「現代に対する婦人の不平と不満とを現はす如実の姿」だからである。こう述べて清沢は、モダン・ガールに現れた女性の新しい傾向が、健全に発達することを期待したのである。

さて清沢は再婚後まもなく、昭和二年五月、東京朝日新聞に入って企画部次長となった。あとにも述べるように、それは清沢の専門外の仕事であったが、まもなく文筆活動の場が与えられるだろうと期待して入社したと言われている（鈴木文史郎「生まれつきの自由主義者」、『民主新論』第一巻第三号〔一九八四年〕）。またその頃、それまで住んでいた鶴見から目蒲線の鵜の木に移って新居を構えた。十月には長男瞭《あきら》が生まれた。昭和三年には第三の著書『黒潮に聴く』、四年には第四の著書『自由日本を漁る』が出版された。この頃には『中央公論』その他の雑誌への執筆は一段と活潑となり、『中央公論』に執筆する評論家や作家を集めた自由な親睦の会である二七会を作るよう提唱し、毎月の会食と年二回の旅行にはたいてい参加して、多くの文筆家と交友を深めるようになった（『中央公論社七十年史』によれば、二七会の成立は昭和四年八月二十七日であるが、この時清沢は日本にいないから、もう少し早い時期であろう）。朝日の中で企画部次長という地位にあったことこそ不満であったが、清沢は家庭的にも恵まれ、文筆家としての地位も確立しつつあった。

　しかし、清沢に対する批判も強まりつつあった。たとえば中外から朝日に移ったことである。中外は清沢を優遇していたけれども、「彼は別に見るところあり、しきりに東朝社入社を希望するので、私は彼を友人の鈴木文四《史》郎君に紹介した」と松原木公は回想する。発展しつつあるとは言え『中外』は経済専門紙であった。それに比べ、『東京朝日』は当時最も有力な新聞の一つであり、また最も自由主義的な新聞の一つであった。より大きく、より権威ある舞台に移ることを清沢が希望したのは、ごく自然であった。しかし先の回想からは、世話になった中外から朝日に移ろうとする清沢の野心ないし上昇志向に、これを仲介した松原自身が釈然としていなかったことを推測しうる。

また、翁久允は清沢の朝日入社と退社（昭和四年七月）について次のように述べている。「清沢は朝日新聞社へ入つて来た、文名海内を圧してる（と言ふと彼は喜ぶ）清沢洌が堂々と朝日新聞社へ入つて来たが、彼の椅子は、当分計画部（企画部）にしかなかつた、オレは批評家だ、筆の人間だといふ自信は、彼をして新聞社の宣伝さする為めのあらゆる計画の仕事には適してゐなかつた、彼は業をやかしてゐた、そして二、三冊の著述をすると、さつさと弊履のやうに朝日を捨てて十何年振りのアメリカを視直して来ようと宣言した。吾々は、それがよからうと賛成した」（前掲「清沢洌を送る」）。退社の事情（後述）について不正確なところがあるが、当時の清沢の自信と野心をうかがわせる。そして翁がこれをあまり愉快に感じていなかったことも推測できる。松原や翁のような友人でさえそうであったとすれば、清沢の行動を不快に感じた人は少なくなかったであろう。

東京朝日入社のエピソードは、清沢の生来の独立独行の性格が、さらにアメリカ化されたところに生じたものであった。自分の実力を誇り、より大きな地位への野心を公言するのは、アメリカでは普通のことである。組織への忠誠という観念も、少年時代から薄かったようであるが、アメリカ化の結果さらに稀薄になったのであろう。清沢にはおそらく、自分の行動が日本の伝統的な行動様式からずれているという認識もなかったのではないだろうか。馬場恒吾は「清沢氏ほどアメリカ臭味がなくて、直截簡明なアメリカ気風を会得したものはない」と評しており（『暗黒日記』〔東洋経済新報社版〕序）、筆者も全く同感なのであるが、馬場自身が長いアメリカ経験を持った人物であったことに注意しなくてはならない。つまり、清沢の行動にほとんど無意識のうちに現れるアメリカ風の行動様式を不快に思い、反感を覚える人物は少なくなかったらしいのである。二、三の例を挙げよう。

清沢は新居が完成した時、各社の記者を多数よんでこれを披露し、夫婦の寝室を見せたという。これは、アメリカでは普通のことであるが、当時の日本では相当に社会通念から逸脱した行動であった。昭和十四年六月十五日の『国民新聞』に掲載された「自由主義者列伝・清沢洌の巻」という清沢を批判した――というより罵倒した――記事は、一〇年も前のこの件に言及し、「これが彼御自慢のアメリカニズムから来た解放主義なのである。――聞いただけで虫づが走るではないか」と述べている。この寝室披露が、一部に強烈な反感を抱かせたことが分かる。

清沢が昭和四年の元旦に送った年賀状も一部に同様の印象を与えたのではないかと思われる。本文の全文を引用してみよう（前掲山本所収）。

> 賀正／どうぞ本年もよろしくお願ひ申しあげます。多くの方には、どうやらこれが本年度における最初で最後の御挨拶になりさうですからこれを機会に用を弁じさせていたゞきます。／第一に私の住んでゐるところが「調布村」といふのでしたが、今度町制がしかれて「東調布町」になりました。つまり今までの「村の住人」から一躍して「町の人」に出世したわけで、本年から「田舎者」などゝいふものがあつたら用捨《ママ》しないつもりです。／第二に拙宅に電話がしけました。今更電話がしけたといふのは、今までなかつたことを披露するやうなもので少し癪ですが、何なら従来三つばかりあつたのを、更にも一つ開通したと御解釈下すつても結構です。番号は「田園調布二六七」ですから御利用下さい。

自由人清沢らしいユーモアに溢れたユニークな年賀状である。しかし、軽薄な冗談が過ぎると感じた人も多かったのではないだろうか。今日でもわれわれがアメリカ人のジョークに接する時、大袈裟で下品だと感じたり、悪ふざけが過ぎると感じることがある。この年賀状を受け取った人の中には――とくにあまり親しくなかった人の中には――同様の感想を持った者も多かったのではないだろうか。先の『モダンガール』にしても、意図は真剣であるが、これを包む表現はしばしば大袈裟すぎると感じさせるところがあるのである。

もう一つ清沢が周囲の反感を買ったのは、中央公論社社長の嶋中雄作と密着し、常連執筆者としての地位を確立していったことであった。二七会が出来た頃『中央公論』の編集長であった雨宮庸蔵によれば、中央公論社内部でも、清沢が嶋中に接近することを不快に感じる人が少なくなかった（雨宮庸蔵「清沢洌さんの片影」、『中央公論』一九八六年五月号）。彼らから見れば、清沢が次々と署名入りの原稿を『中央公論』に執筆できるようになったのは、清沢が嶋中に頻りに要請した結果であり、二七会の結成にしても、清沢が『中央公論』の常連執筆者の中にその位置を確立しようとして提唱したものであった。先に挙げた『国民新聞』の「自由主義者列伝・清沢洌の巻」も、清沢のゴルフを取り上げ、それを出版界の有力者に接近する手段であると次のように批判している。「清沢は（中略）或る出版社の社長さん（嶋中であろう）のお相手

二七会のメンバー　前列左から清沢、嶋中、徳田秋声、一人おいて馬場恒吾、水野広徳。後列左から一人おいて小汀利得、長谷川如是閑、二人おいて芦田均。

で、お伴には二人分のゴルフバッグを担いで歩くといふ噂である。どこのリンクへ行つても清沢位拙劣なゴルフアは見当たらんといふが、ゴルフをやるのが目的ぢやないんだから上達しないのも強《あなが》ち清沢の不器用に帰する訳にはいかない」

このように、自由主義的な中央公論社の中からも、また当時右翼的であった『国民新聞』からも、同様の清沢批判が生じていた。それは、この批判が一種の文化摩擦を背後に持っていたからであるように思われる。たしかにゴルフや二七会は清沢の「野心」と無関係ではなかったであろう。しかしアメリカ流儀でいけば、有力者に接近することは別に不思議でも何でもない。しかも清沢は、地位も学歴もなく、引き立ててくれる学校の先輩——これが日本では重要な役割を果たす——もなく、自らの筆以外に頼るところのない人間であった。嶋中に接近して自らを売り込んでも、とくに非難すべきこととは思えない。大学教授が、象牙の塔に守られ、雑誌編集者の度重なる要請でようやく重い腰を上げて執筆することと、一体どちらが立派であろうか。その判断はあくまで言論の中身によって下すべきものであろう。嶋中が、多くの編集者の意見を抑えて清沢に執筆の機会を与え続けたのは、清沢が『中央公論』に掲載した多くの評論を高く評価する筆者から見れば、嶋中の判断力が多くの編集者に卓越していたという事実を指すに過ぎないように思われる。

なお二七会やゴルフは、清沢が日本で正規の高等教育を受けることが出来なかったことと密接に関係している。日本の場合、会社などの組織を越えた自由な人間関係は、学校を基礎として作られることが多い。清沢には、穂高村関係者とシアトル帰りを除けばほとんど友人がなかった。『中央公論』を通じて何人かの文筆家と知り合いになった清沢が、その交友関係を深めたいと考えたのは無理のないことであった。またスポーツは、イギリスの例を持ち出すまでもなく、がんらい貴族主義的な性格を持つもので、エリート教育を受けた者が得意とするものである。その機会のなかった清沢を、スポーツが下手だと批判するのは、はなはだスポーツマンシップに欠けるものと言わざるを得ない。二七会やゴルフに関する批判については、筆者は清沢に対して同情を禁じえない。何人も社交やスポーツの喜びを奪われるべきではないと信じるからである。

清沢のアメリカ的性格は、このように相当広い範囲に違和感を与えていた。そしてその上に、昭和四年四月頃から右翼による激しい思想攻撃が開始される。たとえば石井生なる人物は、『中央公論』の五月号を読み、そこに掲載された「愛国心の悲劇」に対する猛烈な批判を、「拝金主義二則」という一文（掲載紙不明）に書いている。石井はそこで、「近来これ位露骨に下素《ママ》根性をさらけ出した文章を読んだことがない。憤りを感ずるよりも先づ、あきれ返ったしろものだとの感が先に立つ。氏は知らずさすがに育ちだけのものはある（傍点北岡）と、ほとほと感に堪へた次第である」と述べる。清沢に対する違和感が背景になっていることは、この引用からも感じられるであろう。

さらに激烈な批判が、『自由日本を漁る』に浴びせられることになる。すなわち、昭和四年五月十三日の『やまと』において、著名な右翼であった津久井龍雄は、「東京朝日新聞計画部の清沢洌といふ男がゐる。稀代のバカだといふ定評のある男だ相《そう》だが現物には幸いにしてお目にかゝつたことがないから、真偽のホドは保証出来ぬ。ただ時々新聞や雑誌などに発表される文章を拾ひ読みした印象にすると、所謂新自由主義とやらの信者らしく吉野作造前期の歯の浮くやうなデモクラ論を振り廻して得々としてゐるところ、いかさま定評に背かぬお人柄を首肯《マヽ》せしめる」と述べ、『自由日本を漁る』に収められた「甘粕と大杉の対話」に対して国体を侮辱するものだと猛烈な批判を加えた。『やまと』はこの後、清沢および『朝日新聞』追及のキャンペーンを張り、国賊清沢を葬れ、赤化新聞朝日を許すなと叫んだ。とくに朝日の専務で清沢の入社の責任者とされた下村宏、清沢と縁の深かった社会部長の鈴木文史郎が『やまと』の批判の的となった。

清沢はただちに『やまと』に反論を掲載し(五月十五日)、少しも屈しなかったことはもちろんである。しかし、朝日は七月十七日に退社した。朝日に迷惑をかけたくないということと、社内の事情に必ずしも満足していなかったことが、その理由であった。またそれは、津久井が「清沢君のやうな何等深刻な考へもなく、自由主義などといふアイマイな看板の下に、ブルジョア新聞のお抱へになつて、無責任に生意気なことを言い散らす人間は、共産主義者以上に憎むべき侮蔑すべき存在だ」と攻撃して来たことに対する回答でもあった。八月に書き上げられ、十月に出版された『転換期の日本』も、清沢の反撃の一つであった。その序文の中で清沢は述べる。昭和の劈頭《へきとう》である今、国難を言う者が多い。しかし、このような時にこそ国民の自由な意見を広く求めることが必要ではないか。ペリーが来航した時、幕府は「忌憚に拘り候共不苦候」と、広く意見を求めた。明治維新にあたって明治天皇は公論を重んじ、衆議に聞くの態度を取られたではないか。しかるになぜ今、国民の意見を広く求めるのではなく、かえって新しい意見と見ればこれを弾圧しようとするのか。自分の前著『自由日本を漁る』は一部の強い批判を浴びた。自分は反対意見を歓迎するものであるが、偏狭な愛国心から自分を非愛国者と決めつける者には反論せざるを得ない。祖国の前途を思うことにかけて自分は何人にも劣るつもりはない。このように清沢は反論し、その主張をこの書の中で一層明確に説いたのであった。

清沢は朝日を退社してまもなく、久し振りにアメリカに向かって出発した。退社の頃から書き始め、船中で書き上げられたのが、この『転換期の日本』であった。その序文の冒頭は次のように始まる。「日本は今悩んでゐる。／日本はどこへ行くのだ、日本は何をするのだ、日本はどうなるのだ。さういふ声が、秋の稲穂が風にさゝやくやうに、どこからともなく聞えて来る。／日本はもう行くだけ行ったのではないか。進むだけ進んだのではないか。生々たる発育期をすぎて、静止状態に入ったのではないか。注意すべきは発足期にたつ支那であつて、日本の時代は過ぎたのではないか。海を渡つて、さうした外人の批評すらもわれ等の耳朶《じだ》をうつのである。／現代日本の著るしい特長《ママ》は悲観と不安である」

『転換期の日本』という書名は、出版社の命名であるが、まことに象徴的であった。日本の自由主義はたしかに行き詰まりつつあった。津久井のような攻撃の登場自体、それを示すものであった。時代の行き詰まりとともに清沢の言論も転換期に来ていた。『自由日本を漁る』(同年五月)の序文を書いた時、すでに清沢はそれを感じていた。それまでは時代の進歩に楽観的によりかかるところがあった。彼のアメリカ的性格が反感を招いたことにも、彼の罪ではないにせよ、若干スキがあったと言うことも出来る。この転換期にあたって、清沢は組織を離れ、独立の評論家となる道を選んだ。いかにも清沢らしい行動であった。

第二章　評論家としての独立──国際協調の崩壊

ハリスの墓にて（昭和７年３月、ニューヨーク）

1 十年ぶりのアメリカ

昭和四(一九二九)年八月に日本を出発した清沢は、一年二カ月にわたってアメリカとヨーロッパを旅行し、翌昭和五年十月に帰国した。その後わずか半年国内に滞在しただけで、昭和六年四月再び日本を離れ、七年七月までアメリカに滞在した。フリーの評論家となってから最初の三年間のうち、二年半は外国に過ごしたことになる。この間日本の内政と外交は大きな変化を遂げていた。最初の旅行に出発する時は、浜口内閣が成立したばかりであった。それは昭和戦前期で最も進歩的な内閣であったし、外務大臣には国際協調派の第一人者幣原喜重郎が就任していた。しかし清沢が二度目の旅行から帰るまでに、二人の首相がテロに倒れて政党政治は崩壊し、また満洲事変によって、東アジアにおける国際協調を約したワシントン体制は過去のものとなっていた。このような変化を念頭に置きつつ、清沢の行動と思考の跡を追ってみよう。

清沢がアメリカ旅行に出たのは、一つには、右翼の攻撃という不快な事件をあとに、気分転換をはかるためであった。しかしより大きな動機は、独立の評論家として出発するにあたり、あらためてアメリカを研究したいということであった。アメリカは清沢にとって二十世紀最大のフェノメナンであり、日本にとって最も重要な国であり、また彼の発想の根源をしばしば提供した国であった。アメリカ到着直後、清沢は八月二十六日の『北米時事』に、世界大戦後の世界はアメリカの感化を抜きに論ずることは出来ない、しかしそのアメリカは巨大な矛盾をはらむ国である、この矛盾した巨人を研究することが渡米の目的であると述べている。また「昭和日本の遠望」と題したタコマにおける講演（九月十六日）でも、日本におけるマルクス主義はもはや後退しつつあり、アメリカ主義に対する関心がこれに代わりつつあると述べている（『北米時事』九月十八日）。

八月十日横浜を発って以来、清沢は一〇年ぶりにアメリカを訪れ、旧友に再会することに胸を躍らせていた。その期待は十二分に満たされた。八月から十二月まで西海岸各地を訪れた清沢は、移民社会出身の名士として大いに歓迎され、『北米時事』その他の新聞に執筆し、多くの講演会を開き、楽しい時を過ごした。『北米時事』が清沢の記事の連載を開始するにあたり、「十数年振りで清沢洌氏が本紙へ流麗犀利《さいり》の筆を振はれることになつた。どうか一字ものがさず御愛読を願ひます。／工場の方では『やあ清沢さんの原稿か』と珍しがりながら『相変らず昔と変らぬナグリ書きの太い字だな』と懐かしい思ひである」と書いたのは、両者の幸福な再会を象徴するものであった。

清沢が愉快であった理由の一つは、日本人移民が成功を収めていたからであった。彼らの現状について清沢は書いている。「在米邦人は日本が持つ最初のアウトポストなんだ。日本が民族として、どんな働きが出来るかを知るためには――君は朝鮮や満洲に行つたつて分らない。君はどうしても米国、特に太平洋沿岸に来て、日本人の活動振りを見るより外はないのだ」。清沢によれば、日本人移民は祖国の援助がなかったがゆえに、大きな成功を収めることが出来た。実際、本格的な発展は祖国の援助が断念された、つまり排日移民法の通過から始まったと言う。また清沢は、「朝鮮や満洲や台湾あたりの経験でも分る通り、極端な国家権力の発動、政府の援助は、在留邦人を助けるより害を与えるよ」と述べ、アメリカの成功と満洲その他での失敗を対比した。このように清沢は、かつての旧友たちの成功を目撃し、また長年にわたる自説が実証されていることを目撃して愉快にたえなかった（「米国を報じる手紙」、『アメリカを裸体にす』所収）。

この時期は移民問題が好転しかかった時期でもあった。清沢はシアトルに上陸してすぐに、排日の雰囲気が極めて薄いことに気づいた（『北米時事』九月六日）。それはシアトルだけではなく、全般的に日本移民排斥の動きは弱まっていた。翌昭和五年の五月二十三日になると、ワシントン州選出の下院議員で下院移民委員長のアルバート・ジョンソンが排日移民法の改正を提起することになる。ジョンソンは一九二四年移民法の提案者であったから、アメリカの世論の変化は著しいものがあったのである。なお清沢は、たまたまその時ワシントンにいたため、早速その翌日ジョンソンに会っている（「日記」）。冷静に時期を待てばアメリカはやがてその非を改める日が来るという点についても、清沢の『米国の研究』における希望が的中しそうであった。

西海岸滞在中、日米関係に関してもう一つ興味深い出来事があった。清沢は偶然列車の中で、日本から戻ったアメリカ人実業家リチャード・ワーナーと会い、その日本経済観に大いに共感を覚えた（「日記」十月二十八日、『中外商業新報』十二月四〜六日）。ワーナーは述べる。日本経済には資金だけでなく「頭脳」も不足している。情実にしばられて健全な経営が行なわれていないのはその例である。この点を改めるためには、外資の導入だけでなく、外国企業の進出自体を歓迎すべきである。日本人は誇り高く、外資の導入は考えても外国人の経営には極めて否定的である。しかし単なる資金導入に比べ、外国企業自体を導入すれば、利子負担その他で有利であるし、雇用機会の拡大にもなる。優秀な日本人労働者は外国のメソッドと技術を学ぶことも出来る。このように主張したワーナーに対し、清沢は完全に同意した。

当時の日本では、在華紡を始めとする日本企業の中国進出については強い関心が持たれていた。しかし外国企業の対日進出については極めて消極的であった。それは、外国企業を外国の支配と受け止め、警戒したからである。清沢も中国への企業進出を盛んにすべきだと考え、武藤山治の鐘紡の実績を高く評価していた（「一寸持つ武藤君の提灯」、「自由槍」一九二五年六月九日）。それは企業の外国進出は双方に利益を与え、両国関係を緊密化するものだととらえていたからであった。清沢の考えは、彼の日米経済関係観と国際協調観に根ざした鋭いものであった。しかし、それは当時においても少数派であった。そして自動車その他の分野で、日本はこののち強引なまでの外国企業排斥・国産化路線に傾斜していくのである（参照、NHK〝ドキュメント昭和〟取材班編『ドキュメント昭和 世界への登場3 アメリカ車上陸を阻止せよ』）。

2 ロンドン海軍軍縮会議と大恐慌

さて、十二月以後清沢は、中央公論特派員の資格でロンドン海軍軍縮会議を取材するため、若槻礼次郎を首席とする日本全権団と行動を共にすることとなった。十二月十一日シアトルで全権団を迎えた清沢は、翌日彼らとともに東部に向かい、十五日シカゴ、十六日から十九日までワシントンに滞在したうえ、二十一日にニューヨークを発ち、二十七日ロンドンに到着した。

アメリカ滞在中の若槻全権一行について、清沢が遺憾としたのは、広報関係の準備がはなはだ不足していたことであった。シアトルに上陸した時、新聞の扱いは小さく、歓迎会には州知事すらも出席しなかった。五〇人にのぼる一行の中に新聞関係の担当者は一名もいなかった。「元来、米国に対する外交の要諦は所謂マン・イン・ザ・ストリートを対手にするにある」と述べて清沢はこれを批判した（「若槻全権一行の人気」、『中央公論』一九三〇年二月号）。しかし一行の中で比較的この点について理解があったのは若槻であった。日本人と外国人とを問わず、ニューヨークでもロンドンでも、若槻は新聞記者との関係に配慮を払っていた（「日記」十二月十九日、一月三日）。記者会見も巧みであった。十二月十九日の日記に清沢は、「若槻氏は直ちにプレス・インタヴューす。もう馴れて相当大胆である。新聞記者は取扱ひつけて居るから甚だよく、何といつても一行の内、この人が規模が大だ」と記している。その逆が若手外交官たちの官僚主義であった。一月二十四日の日記に清沢は次のように書いて、彼らの官僚主義を批判している。「日本の外交官の玉子といふものが実に不愉快な連中である。今日も、軍縮事務所に稲垣君と話してゐると太田とかいふ官補が『あなたとは逢はないが誰だつたですかネ』といふ。『清沢だ』といふと自分の名も名乗らないで行つた。官吏の下らない優越感が、これ等の小僧連にまで染み渡つてゐるのだ」

軍縮会議が始まったのは一月二十一日である。この会議の主題は、ワシントン会議で定められた主力艦に続き、補助艦について主要国間で比率を定めることであった。よく知られているように、日本海軍の伝統的主張は対米七割を最低線として確保することであり、アメリカの主張はこれを六割とすることであった。対米七割を主張する海軍側に対し、清沢は一貫して批判的であり、一行の中で、とくに海軍からは「弱気の大将」とか「六割居士」と呼ばれていたという(「日記」十二月三十日、一月十八日)。

清沢はがんらい、日本はアメリカと戦争することの出来ない国であり、また戦争する必要のない国だと考えていた。それゆえ、アメリカを相手に七割を固執することはもちろん、対米比率という発想自体が誤りであると清沢は言う。アメリカとの戦争は無意味なのだから、日本の海軍力は、東洋の平和の維持を目標として具体的に定めるべきである。たとえば中国沿岸に軍艦何隻、南洋との航路の保護のために巡洋艦何隻、日本海にどれだけ、揚子江流域にどれだけ、なぜこういう風に目標を設定しないのかと清沢は主張する。それはちょうど、イギリスが新しく採用した海軍政策と類似していた。すなわち、イギリスは古くは二強国標準を唱え(世界第二の海軍国と第三の海軍国とを合わせた海軍力を上回ることを目標とした)、アメリカの勃興とともにこれを放棄してアメリカとのパリティーを目標としていたが、さらにそれも難しくなると、世界において守るべき権益を検討し、これに必要な海軍力を計算し、その保持を目標とするよう政策を転換していた。また清沢は、日米両国の間で相互不侵略を声明し、両国に隣接する海洋および島嶼の独立を尊重することをうたった「太平洋協定」とでも呼ぶべき協定を締結するよう主張していた。国家の安全は軍事だけにまかせてはならず、総合的にこれを追求しなければならないということであった。

なお、会議の途中、比率問題が焦点となったこともあって、英米と日仏とが対立する図式が出来ていた。これに関し清沢は、フランスがその背後にチェコやポーランドなどの支持を期待しうるのに対し、日本は一体誰の支持を得ようとするのかと述べて、フランスにならえという主張を批判している（以上、「軍縮時代劇の展開」、『中央公論』一九三〇年四月号）。

以上のように、清沢から見れば会議の焦点が日米の比率になったこと自体が問題であった。その点では海軍側のみならず若槻にも責任があった。しかし、より大きな責任を負うべきは日本の新聞であった。各紙は声を揃えて、海軍とともに対米七割を強硬に主張していたからである（「ロンドン会議総まくり」、『不安世界の大通り』所収）。その原因の一つは各紙の競争であった。この会議に派遣されたのは、『中央公論』派遣の清沢の他に、『朝日新聞』二名、『毎日新聞』（『東京日日新聞』）二名、連合通信二名、電報通信一名、『時事新報』一名であり、ワシントン会議当時の日本人記者総数五〇名に比べると著しく減少していた。それは、強力な新聞はますます強力に、弱体な新聞は自力で特派員を送りえなくなった結果であった。『朝日』や『毎日』は常駐の特派員も動員し、総額一〇万円内外を使うと清沢は推計している（「若槻全権一行の人気」）。清沢は一度『中外商業新報』に特派員としてくれるよう打診して断られたことがあったが、その理由は、『中外』が清沢の申し出た二〇〇〇円という費用を出し渋ったためと推測された。「中外の経済では、朝日辺の経済と如何にも大きな相違のあることを感ず」と清沢は日記に記している。実際ロンドンに着いてみると、『朝日』や『毎日』の部屋は豪勢なものであった（「日記」十一月二十五日、一月一日）。このような寡占状態にある大手新聞の激しい競争が、かえって全体として類似し、しかも誇張された紙面を作り出しやすいのは、今日も同様である（「ロンドン会議の近景」、『中央公論』一九三〇年三月号）。日本の記者に若者が多すぎることも問題であった。一月三日初めてイギリスの記者会見を見た清沢は、英米では老人の記者が多いと感心し、「日本は若い者だけのの《ママ》は弊害あらん」と日記に書いている。英米の新聞が記者の経験を重視し、知力で競争していたのに対し、日本の新聞はまるで体力で勝負しているようであった。その他様々な点で、清沢は同行の新聞記者とあまりしっくり行かなかったように日記からは感じられる。

　清沢が会議の途中で三月四日ロンドンを発ってヨーロッパ旅行に出たのは、そのためもあったのかも知れない。初めてヨーロッパ各国を見物し、各地の日本人外交官と会い、また何人かの著名人とも会っている。このうち注目すべきは三月十一日プラハでベネシュ外相と会ったこと、二十四日ローマで教皇とムッソリーニと会ったことである。しかしムッソリーニには好感は持てなかった。ムッソリーニが労働と規律を強調したことに関し、「何故、も一つこれに加へて国民に教えないか。正直と……」という文章で「ムッソリーニ会見記」(『不安世界の大通り』所収)を結んでいることに、清沢の評価が示されているようである。

余談ながら、ロンドンに着いてまもない一月十二日、清沢に娘が生まれた。イギリスにいたことから、清沢は英子と名付けた。ところが日本では夫人が、万里の彼方の夫を思って、まり子と名付けた。したがって戸籍上および家庭の外では彼女はまり子であったが、家庭や一族の中では清沢は英子で通させたという。家庭における清沢の父親ぶりを想像させる微笑ましいエピソードである。

会議が終了したのは四月二十二日であるが、ほぼその結果も判明したところで清沢は十二日ロンドンを出発、二十日ニューヨークに到着し、五月三十一日までここに滞在した。この間、五月十日、フィラデルフィアに行く途中でプリンストンに立ち寄っている。かつてプリンストン大学の学長であったウィルソンがどう見られているかが興味の一つであった。ところがキャンパスの中に銅像一つなく、町の人の評価も相半ばしていて、清沢は「預言者故郷に入れられず」の感を深くした。他方、大学の素晴らしい設備、とくにそこに伸び伸びと学ぶ学生には羨望に堪えない思いであった。「かういふ学生生活が、どんなに憶出の種になりませう。さうした生活のなかつた私は、何だか失くしものをしたやうに感ずるのが常です」

と清沢は『北米時事』に送った記事に書いている（五月十五日）。それは、軍縮会議全権団と行動を共にした時の実感でもあった。政府関係者はもとより、記者たちもどこかの学校でつながっており、清沢は常に充たされない孤独を感じていたように思われるからである。それはこの時に限らず、日本のエリートや知識人と一緒にいる時、清沢が常に忘れえないことの一つであった。

ニューヨークを発った清沢は、六月二日フォードに会った。フォードは清沢にとってアメリカを象徴する人物であった。帰国後清沢は、誰かアメリカを代表する人物についての本を書いて欲しいと依頼され、『フォード』という本を著している。清沢はその序文の中で、アメリカを代表する人物としてワシントンとリンカーンとフォードの三名を挙げ、現代では何と言ってもフォードであるとして、次のように述べている。「フォードは小アメリカである。アメリカに血と肉を与へて呼吸させたものがフォードであり、フォードを地図の上に寝かせたのがアメリカである。アメリカの欠点と特徴を、たゞ一つの身体が、これほど具備してゐる例は他に少ないと思ふ。少し極端にいへば、現代のアメリカを研究することは、フォードを研究することである」。こうした関心がフォードに会う前からのものであったことは言うまでもない。この会見で興味深いのは、フォードの経営する学校に日本人を入れるよう清沢が要請し、フォードもこれを快諾したことである（「フォード会見記」、『アメリカを裸体にす』

所収)。先のワーナーとの談話においても見られたように、ビジネスを通じて日米が結び付くこと、とくにアメリカの技術を導入することとの必要は、彼の強く主張するところであった。ちなみに、その時にも述べたように、日本はのちに強引な外国企業排斥・国産化路線を歩むのであるが、排斥の最大の対象となったのは偶然にもフォードであった(前掲『ドキュメント昭和 世界への登場3　アメリカ車上陸を阻止せよ』)。

そののち六月四日から十五日までシカゴに滞在した清沢は、二十二日ロスアンジェルスに戻った。そして西海岸における幸福な生活が再開された。シアトル、サンフランシスコ、ロスアンジェルスを中心に、清沢は活潑に講演旅行を行ない、経済的にも得るところが多かった。こうした愉快な記憶とともに、十月四日アメリカを発ち、二十日日本に帰った。

帰国する直前、清沢はその気持を『北米時事』に書き送っている。久し振りに、一年二カ月ぶりに見る日本である。それなのに、一向に気が晴れないのはなぜだろう。一つはアメリカの友人たちがあまりに親切にしてくれたからだろう。その他にも理由はある。しかももっと根本的な理由がある。清沢は述べる。「わたしは日本といふ国に、なんだか今、危険信号がなつてゐるやうな気がして仕方がないのだ。智識階級の失業と、社会相の不安とが、一団の黒雲となつて、太平洋の西の方を蔽うてゐるやうな気持がする。(中略)私は日本といふ病人の枕頭に走せつけるやうな気がしてゐる」(「日本に入る日」、『アメリカを裸体にする』所収）ではその病気の原因は何か。言うまでもなく、前年十月に始まった大恐慌であった。

大恐慌が一九二〇年代の国際秩序に決定的な打撃を与えたことは言うまでもない。その影響はヨーロッパにおいて、より直接的であり、より深刻であったが、アジアにおける影響もまた巨大であった。対米輸出に大きく依存していた日本経済は、とくに農村部で深刻な打撃を受け、それが軍部の政治的擡頭の有力な原因となったことはよく知られている通りである。

それに劣らず重要であったのは、戦後国際秩序のチャンピオンとしての、また無限の繁栄を続ける国としてのアメリカのイメージが崩壊したことであった。当時日本では、マルクス主義に対する弾圧がすでに始まっていたが、その知的権威はかえって頂点に達していた。マルクス主義の影響下に、多くの知識人が、資本主義の必然的没落がついに始まったと論じた。それは同時に、リベラル・デモクラシーの没落、国際協調主義の破産と受け止められた。アメリカと協調すべき必然性も、またアメリカをモデルとする理由も、消滅したとは言わないまでも、はるかに少なくなったように思われた。これまで国際協調、とくに対米協調を説いていた論者は、こうして苦境に立ち、あるいは転向し、あるいは沈黙していったのである。

清沢が十年ぶりに渡米した目的が、アメリカ研究にあったことはすでに述べた。アメリカの影響が世界をおおい、日本でもまたアメリカニズムの力が再度擡頭すると清沢は感じていた。それは的中しなかった。アメリカの繁栄の絶頂にアメリカに着いた清沢は、その転落をまた現地で見ることとになった。アメリカを何よりもその経済力で見ていた清沢が、このような状況に立ち会うこととなったのはまことに皮肉であった。

しかし清沢は大恐慌に決定的な影響を受けなかった。まず、日本から伝えられる論調、とくにマルクス主義者のそれがあまりに観念的であると清沢は批判する。不況とは言っても、多くの労働者は車を持ち、ビーフステーキを食べており、アメリカの力を軽視することは誤りであると言うのである。もちろん彼がアメリカ経済の抱えていた巨大な困難を認識しなかったわけではない。清沢は、アメリカ経済の分配の側面にはとくに問題があると考え、その分野では何らかの統制——ある種の社会主義の導入——が不可避であると予測した（たとえば、「社会主義化の米国」、『中央公論』一九三〇年十一月）。逆に言えば、彼はアメリカ経済の生産力と、それを支える国民の勤労の精神については、疑いをさしはさむことはなかった。その信念は、移民時代以来一貫したものであった。このの
ち清沢は、自分はある意味では社会主義者であると言うようになるが、それは分配の側面においてだけであって——それも、日本の場合のような強力な官僚統制に対しては、反対を貫いた——生産に対する統制に賛意を示すことはなかったのである。

いま一つ重要であったのは、清沢が、政策としての自由主義と、より根源的な——彼自身の言葉で言えば、態度、心構えないしフレーム・オヴ・マインドとしての——自由主義とを

区別していたことであった。かつて清沢は、イギリスの一九二九年総選挙における自由党の敗北を自由主義の没落と等置する議論に対し、保守党、自由党、労働党の政策的差異は認めつつ、いずれも自由主義思潮を根底とするものであるとして批判したことがあった（「社会主義と新自由主義」、『転換期の日本』所収）。このような考えは、したがって大恐慌以前からのものであったが、一九三〇年代にはより明白に、またしばしば表明されることになる。それは彼が大恐慌を目撃し、マルクス主義者との論戦を通じて自己の自由主義を見つめ直したからであろう。個人の自由を目標とすること、制約されることを望まぬ代わりに他者に対しても制約を加えぬこと、自己の正義を盲信せず他者の説に耳を傾けること、そのために言論の自由が不可欠であること、こうした古典的な自由主義の主張を、時代遅れと批判されながらも、清沢は繰り返し論じた（たとえば、「時代と生活」、『時代・生活・思想』所収）。その背景には、かつてのキリスト教信仰と、アメリカ経験に基づいた自由の精神への共感とがあった。

ともあれ、清沢は大恐慌によって決定的な影響を受けず、かえって従来からの思想をより深く掘り下げ、確認した。しかし、世界の大勢に敏感な日本の多くの知識人に、大恐慌によるアメリカの没落は大きな影響を与えた。昭和六（一九三一）年の満洲事変を大多数の知識人が受け入れる条件は、以上によってほぼ整っていたのである。

3　満洲事変と上海事変

昭和五年十月帰国した清沢は、翌六年四月再び渡米した。『報知新聞』（野間清治社長）が企画した日米親善北太平洋横断飛行のアメリカ側における連絡と取材とを担当するためであった。清沢は帰国後まもなく、同紙の論説委員に迎えられており、以後十四年一月までその地位に留まることになる。

短い日本滞在中にも清沢の活動は活潑であった。十二月には『アメリカを裸体にす』、翌六年四月には『不安世界の大通り』を出版し、『フォード』も書き上げて六月の出版を待つばかりになっていた。

しかし、この間にも時代は暗転しつつあった。十一月には浜口首相が狙撃されて重傷を負った。そして野党政友会の執拗な要求に応じて議会に出席した結果、病状が悪化して内閣は四月辞職に追い込まれた（八月死去）。そのあと若槻礼次郎が内閣を組織し、いちおう政党内閣は続いたものの、政党政治の行き詰まりははなはだしかった。この状況に対し、右翼と陸軍の一部によってクーデターも計画されていた（三月事件）。

清沢のアメリカにおける仕事もうまく行かなかった。五月には吉原飛行士が千島で遭難し、計画はいったん中断された。その後も清沢はアメリカに滞在し、アメリカ側の航空機メーカーとの交渉に当たるが、慣れないことに苦労が絶えなかった。名越飛行士との関係も悪かった。しかるに名越は、ようやく完成した「日の丸号」の試験飛行中、昭和七年三月墜落して死去した。再起を期してあらたに日本から派遣された吉原飛行士も五月墜落して重傷を負った。こうして日米親善北太平洋横断飛行計画は完全な失敗に終わった。それはあたかも日米親善の困難を象徴するようであった。

渡米後まもない昭和六年六月二十九日より、清沢は『北米時事』に「僕のコラム」という記事を連載していた。そして九月二十日頃、たまたま「幣原外相」という一文をそこに掲載した。自分は幣原が大変偉いとは思わない、しかし彼の外交以外に日本の行くべき道があるとは思えない、彼が外交を担当していれば、「飛びぬけたことはしないが、安全で、大過はないと思ふ」と清沢はその文を結んでいた。皮肉なことに、この記事が掲載される直前、九月十八日に満洲事変は勃発してしまったのである。九月二十三日頃のコラムで清沢は次のように述べる。日本側の発表のように中国軍が満鉄の線路を爆破したとすれば、それは許されるべきことではない、しかし中国側はこれを日本が戦争を始める口実にたくらんだ陰謀だとしている、実際、中国側の抵抗はほとんどなかったから疑問は残る。それに中国側の線路爆破が事実だとしても次のような問題が残る。第一に、あれだけ積極的に事件を拡大する必要があっただろうか。第二に、現在の占領地を永遠に占領し続けるわけにはいかない、どのような撤退条件を考えているのか。第三に、満洲問題の解決というが、一体それは具体的にどうすることとなのか。日本はワシントン条約その他で中国の主権尊重を約し、国策の手段としての戦争を放棄する不戦条約にも調印しているが、これらとの関係をどうするのか。第四に、中国全土に日本に対する排斥暴動でも起こったらどうするのか。以上は、まだ情報が十分でないこの段階としては、まことに健全な判断であった。

あるいは外国にいたから冷静な判断が出来たと考える人があるかも知れない。邦人社会の反応は、むしろ絶対的日本支持で、清沢に対する風当たりは強かった。その次の回のコラムで清沢は、「日本と支那と衝突したのだ。日本人でありながら日本の軍隊に疑ひを持つのは怪しからぬ」という態度が多いと書いている。そしてアヘン戦争の時コブデンやブライトがあったことがどれだけイギリスのためになったか、第一次大戦に反対したマクドナルドやスノーデンは愛国者ではなかったのかと述べて、「われ等は小さい『愛国心』から抜けて、大きな眼を以て見るべきだと思ふ」と読者に呼びかけている。日本においてのみならず、アメリカにおいても清沢はこのように言わなければならなかったのである。

しばらくのち、清沢はもう一度満洲問題を取り上げ、三回連続で論じている（掲載日不明、十月頃）。それは、大正十三年以来の持論を、在米邦人との比較をまじえつつ述べたものである。在満邦人は約二〇万人で在米邦人とほぼ同じである。彼らは圧倒的に満鉄に依存している。仮に日本がなくなっても在米邦人社会は相当堅固な経済的基礎を持つが、満鉄がなくなれば在満邦人社会はあとかたもないであろう。この満鉄の総財産は約七億円で、日本がここから受け取るのは年額五〇〇〇万円程度に過ぎない。これは在米邦人に比べれば随分少ない。在米邦人の場合には日本はほとんど投資などしていないのだから。もちろん満洲で日本はそれ以外に多くの投資を行なった。投資総額一五億円と言う者もある。しかし個人の貸倒れもあれば、西原借款その他の政治借款のように政府が行なった回収不能のものもある。これらに至るまで確実な財産目録に載せるのは、「インチキ会社の跡始末」のようなものである。結局満鉄の七億円しかないのである。もちろん満洲には多くの資源がある。しかしそれを日本のものとする条約上の権利はない。また満洲との貿易を言う者がある。しかしそれは特殊権益などなくとも、満洲が発展し、日中関係が親善であれば存在し、増加していくものである。この事変で日本が満洲で得るところがあるかどうか、自分は疑わしいと思う。仮にあったとしても、南方で日本は大きな被害を受け、貿易も非常に減少するだろう。満洲を生命線などと呼び、過度に重視してそのために全てを犠牲にすることに自分は到底同意しえない。中国全体との貿易を考え、大きな立場から東洋全般の平和を目指すべきである。このように清沢は、満洲事変に際しても従来の主張を変えることなく、これに的確な批判を加えたのである。

このような清沢の主張は当時の日本でどのように位置づけられるであろうか。それまで国際主義的立場を堅持し、国際問題を研究してきた学者の中でさえ、満洲事変を明確に批判した者は国際法の横田喜三郎、政治学の吉野作造、経済学の矢内原忠雄らごく少数に過ぎなかった（三谷太一郎「国際環境の変動と日本の知識人」、細谷・斎藤編前掲書第四巻所収）。それ以外の分野をとってみても、石橋湛山などのごく少数を例外として、圧倒的に事変を支持する者が多かった。事変支持が最も明白であったのは新聞であった。満洲事変が勃発すると、それまで最もリベラルであった『朝日新聞』を含め、日本の新聞は事変支持一色となった（掛川トミ子「マス・メディアの統制と対米論調」、同前所収）。清沢もこれを憂慮していた。翌昭和七年一月十七日ニューヨークで出淵駐米大使と会った時、出淵は「日本の新聞は気狂ひのやうだ」と述べたが、清沢も全く同感であった（「日記」、『北米時事』一九三二年一月、日付不詳）。

清沢と最も近かったのは石橋であろう。石橋は満洲権益が不要であるという点で、清沢以上に徹底した人物であったから、事変を批判する根拠が清沢と似ていたのも当然であった。

それ以外に注目すべきは吉野である。吉野は「民族と階級と戦争」（『中央公論』一九三二年一月号）という論文で、満洲事変は自衛権の範囲を越えたもので、民族生存繁栄のために満洲が必要だという信念に支えられたものである。要するに自衛ではなく帝国主義である、われわれは子供の頃、渇しても盗泉は飲むなと教えられたではないかと痛烈に批判した。さらに吉野は、新聞の一致した事変支持と無産政党の沈黙とを取り上げ、とくに後者について、帝国主義戦争反対の主張はどこに行ったのかと強く批判した。清沢の場合も、満洲事変を自衛権の枠を越えると見たこと、満洲の資源に日本の条約上の権利はないとしたこと、新聞の態度を遺憾としたことで、吉野と同様であった。また清沢は、ロンドン軍縮会議に関連し、左翼が軍縮問題に関心の薄いことを批判していた(「日記」一九三〇年五月一二日)。両者の関心のあり方はよく似ていたのである。

なお吉野のこの評論は、彼の最後の評論の一つであった。大正デモクラシーの知的指導者であった吉野が事実上満洲事変を最後に評論活動を停止したのに対し、清沢は満洲事変を契機として、より困難な時代に立ち向かう役割を担うこととなる。清沢の名を一躍高めた「内田外相に問ふ」が『中央公論』の昭和八年三月号に掲載されてまもない三月十八日、吉野が五十五歳で世を去ったのは奇しき偶然であった。清沢が後年、外交史研究のために吉野の『対支問題』を読み、「僕はやはり、吉野博士とは共鳴し得る。その観方が同じだ。大正時代からの吉野作造博士をつぐものは、昭和の僕ではないかなどと思う。外交史を書いて、学的産物を残すことができれば、吉野博士を発展させたものであることになる」(『暗黒日記』一九四五年一月二十二日）と書いているが、これも両者のつながりを示す興味深い事実であった。

清沢はアメリカにあって満洲事変を自由に論じる場所を日本の中に持たなかった。しかしのちに『外交史』を著した時、次のように書いている。「著者が筆を進めて今、満洲事変及びその後の経過を叙さんとするに及んで、自ら甚大なる不安を感ずるのをどうするわけにもゆかない。そこには歴史を歴史として書くだけの冷静なる空気は存しない。そこにはまた、両者の主張と事実とを公平に提供することの可能性も限られてゐる。況んや事態を、自由に解剖批判することが出来るものではない」（四四三頁）。いかに満洲事変を重視していたかを示すものであろう。

ところで、日米関係の文脈で見れば、満洲事変よりもはるかに大きな影響を及ぼしたのが上海事変であった。ウォール・ストリートを代表する銀行家であり、またアメリカにおける親日派を代表する存在であったトーマス・ラモントは、一九三二（昭和七）年四月八日付の書簡で、「……ところが上海事変はそのすべてを変えた。日本に対して何年にもわたって築き上げられてきた好意は、数週間で消滅した」と述べている（三谷太一郎「国際金融資本とアジアの戦争」、近代日本研究会編『近代日本と東アジア』所収）。

その頃ニューヨークにいた清沢が見たものもこれと完全に符合する。上海事変勃発（一月二十八日）の翌日、清沢は日記に次のように書いている。「上海を日本軍が攻撃する記事、各新聞を最も大袈裟に埋む。朝、電車にのると、僕の顔をジロジロ見てゐる者多し。けだしこの事件が余程米国人を刺激してゐるのだ。子供や婦人に対し、爆弾を投げて殺し、死傷無数とある以上、米国人の神経をいらだゝすのも無理なし。日本をドイツに比し、上海をベルジュム（ベルギー）に比するもの多く、日米戦争の声漸く盛んだ」。その後しばらく清沢の日記は上海事変関係の記事で埋まっており、彼が針のムシロの境遇にあったことをうかがわせる。二月三日に予定されていたジャパン・ソサエティの年次大会は、シューマン・ハインクがアメリカ国歌を、関屋敏子が君が代を歌い、多数の出席者が予定されていたが、中止となった（『北米時事』一九三二年二月八日）。清沢は関屋父娘と交際があったので残念であった。二月十六日には鶴見祐輔の英文著書の出版祝いの会があり、大勢の参加者があった。ところがマサチューセッツからやってきたウィリアムズ大学学長ガーフィールドは、そのスピーチで上海事変を痛烈に批判し、また前イタリア駐在大使であり詩人であったロバート・アンダーウッド・ジョンソンは、「ロスト・ジャパン」と題した自作の詩を朗読し、強きをくじき弱きを助ける日本は今どこへ行ったと批判した。清沢はこのような席でこうした問題が出ることに驚いたが、彼らの真剣な態度にかえって印象づけられた。十八日には関屋敏子の独唱会があった。聴衆が少ないことが懸念されたが、なかなかの盛会であった。軍隊以外に世界に誇るものの少ない日本としては、彼女の今後の活躍を大いに期待したいと清沢は書いている（『北米時事』二月二十四日）。

このような上海事変をめぐる世論の沸騰は、三月三日の停戦によってようやく下火となった。いや、下火となったというよりは別の事件の陰に隠れたと言うべきであろう。三月四日に起こったリンドバーグの子供の誘拐事件は全米を興奮のるつぼにたたきこんだ。それがいかに凄まじい報道ぶりであったかは、ブーアスティンの『幻影《イメジ》の時代』などに詳しい。逆に言うと、リンドバーグ誘拐事件に見られるような猛烈な報道が行なわれ、世論が沸騰する条件が当時のアメリカ社会に存在していたということであろう。日本は当然それを配慮した外交をしなければならなかったのに、上海事変当時ほとんどそのような配慮はなかった。また、新聞の日本批判は少なくなったけれども、決して日米関係が好転したわけではなかったことも留意しておかなければならない。

清沢は三月七日の『北米時事』に次のように書いている。「東部の所謂キリスト教的感化の多きところでは、人種的観念は――少なくとも日本人に対してはなき代はりに、人道主義的な憎悪は非常に濃厚なり、これは今回の排日ボーイコットの中心が、ボストンを含む新英州（ニューイングランド）なることによっても知らるべく候」。かつて清沢は『米国の研究』において、排日論者は多数を占めるが、多数を恐れず正義を見失わない人々がアメリカには存在すると述べていた。これと結び付くことによって、アメリカの逸脱を正すことを考えていた。しかるにそれに近いグループを、日本は上海事変で敵にまわすことになったのである。この間、血盟団事件による団琢磨と井上準之助の暗殺、五・一五事件による犬養首相の死など、暗いニュースが次々と起こっていた。日米親善飛行も完全な失敗であった。こうして清沢ははなはだ重い足取りで七月十九日アメリカを発ち、日本に戻った。

清沢が帰国すると、日本では日米戦争の可能性が議論されていた。『アメリカは日本と戦ふか』という題名の著作を求められた清沢は、急いでこれを書き上げ、『アメリカは日本と戦はず』と題して三カ月後に出版した。満洲事変が日米戦争につながることはないと信じ、そのことを説いて世論を鎮静させようという意思が、この題名に込められている。きっと「米探」(アメリカのスパイ)などと言われるだろうが覚悟の上であると清沢は『北米時事』に書いている(十月二十七日)。彼によれば、日米戦争がありえないのは、第一に、経済的に強くアメリカに依存している日本がアメリカと戦うことは不可能であり、また、対米戦争によって日本が得る利益は何もないからであった。第二に、アメリカがアジアの問題で戦争に踏み切ることなど、その歴史、世論、政治制度——とくに孤立主義の強い上院が持つ外交権の大きさ——から見てありえないことが論じられている。

ただ、清沢は二つの点に不安を感じていた。その第一はスティムソンの不承認政策であった。周知のように、スティムソン国務長官は、一九三二年一月、不戦条約に違反する方法によって行なわれた一切の事態を承認しないことを明らかにした。清沢はこれを、世界の全ての現象を画一的にとらえる点で、また、相手を批判して感情的なリアクションを引き起こし、かえって政治的な解決の可能性を閉ざしてしまう点で、賢明な政策ではないと考えた（『外交史』四七八頁）。実際、日本の対米世論が、日米戦争の可能性を議論するまでに高まったのは、スティムソン・ドクトリンに刺激された面が大きかった。なお、清沢のスティムソン批判は、のちにジョージ・ケナンが『アメリカ外交五十年』で展開した道義主義的・法律主義的外交に対する批判と類似していて興味深いものである。

いま一つ清沢に強い不安を与えたのは、言うまでもなく上海事変であった。この年一月末から一カ月ほどの経験は衝撃的であった。外国権益が多く、外国人居住者も多い上海で作戦を行なうことは、外国世論との関係で極めて危険であった。それを日本は敢えて行ない、しかも事後的な説明も遅れがちであった。スティムソンが日本の世論に対して配慮を欠いていた以上に、日本はアメリカの世論に対して配慮を欠いていた。そのことに清沢は不安を覚えずにはいられなかったのである。

『アメリカは日本と戦はず』は、その題名や、先に述べた論旨にもかかわらず、大変暗いトーンで書かれている。ある書評（『台湾日日新聞』一九三二年十一月三日）が、全体としてこの本を評価しながらも、著者はその豊富な体験と資料から「アメリカは日本と戦はず」という結論に到達したのではなく、最初からこの結論を前提として議論を構成したのではないかと疑問を呈したのは、その意味で正しい指摘であった。とくにこの本の結論部分は、あたかも九年後の日米開戦を予言したかのようで不気味ですらある。清沢はそこで、戦争はまずありえないが、万一起こるとすれば、日米のいずれかで戦争を欲する勢力が政権を握り、世論を煽動し、日本がアメリカ大陸へ、あるいはアメリカがアジアへ、直接の武力行使に出る場合だけであろうと述べているのである。それは、当時にあってはほとんど考えられない事態であった。しかし昭和十六年に起こった事態は、これとよく似ていたのである。

4 国際連盟脱退

満洲事変以後に生じた大きな問題の一つは、日本と外国との認識のギャップが著しく拡大してしまったことであった。このことについて清沢は、その夏開かれたロスアンジェルス・オリンピックにふれて次のように論じている（「アメリカで日本を聴く」、『中央公論』一九三二年十月号）。オリンピック報道の過熱ぶりには驚かされた。日本選手の活躍は新聞を埋め、しばしば号外が出た。出場選手は「決死の覚悟」を語り、負けた者は悲憤の涙をしぼった。

しかし開催国アメリカの関心は低く、オリンピック会場が満員になったのは初日だけで、その後は五分から七分程度の入りでしかなかった。オリンピックの最終日、『ニューヨーク・タイムズ』はスポーツ欄の六分の一を割いて報じただけだった。日本では、日本選手の活躍が日米親善を実現したとする者があるが、事実は決してそのような甘いものではない。このように清沢は述べ、さらに他の例を挙げる。

チャップリンが来日した時、凄まじい騒ぎだったらしい。しかし彼の訪日はアメリカでは全く報道されていない。他方、若槻全権一行がシアトルに着いた時、アメリカ側の歓迎はささやかなものであった。しかし日本の新聞は全市を挙げた歓迎と報じた。彼らが特別立ての列車で東部に行ったことは、団体なら誰にでもすることなのだが、日本の新聞は国賓待遇と騒いだ。チャップリンと同じような歓迎がなければ気が済まぬらしい。

帰国してから、「認識不足」という言葉が流行していることに気づいたと清沢は言う。以前なら見解の相違と言ったところである。見解の相違なら、相手にも多少の理屈があるようだが、認識不足なら無知な相手に全責任があることになる。相手の異論は聞く必要がないことになる。これが最もよく使われるのは対外関係である。アメリカその他の国々の意見は認識不足であって聞く必要がないことになる。その結果、外国の正しい情報は伝わらない。佐藤尚武大使が国際連盟で演説した時、日本では満場水を打ったように静まりかえって謹聴したと報じられたが、実際は佐藤が満洲事変は自己防衛だと言った時、満場ハッハッと笑ってしまったのである。

その原因はどこにあるのか。清沢はインフェリオリティー・コンプレックスであるという。優越者のゆとりを持つ者は、二人や三人が外国に勝っても大騒ぎはしない。対等同士なら、スポーツに「決死の覚悟」や国を挙げての祝賀会はない。近来の国家主義の勃興の根底にあるのもこの劣等感である。たとえば流行の自主外交であるが、これまでだって他者の利益だけを目指した外交などあったはずがない。外国と行動を共にしたとしても、それが自己の利益にかなうからであった。肩肘はって自主外交と言うこと自体劣等感の現れ以外の何物でもない。日本は大人の真似をしようとする子供に似ていると言う者がある。これに怒るようでは、この説を証明するようなものだ。いつかこれを笑って済ませるようになりたいものである。このように清沢は論じた。よくこれだけ大胆に書くことが出来たものである。外国から見る日本のイメージと日本の自己イメージがあまりに大きく隔たっていることに、清沢は驚きと焦りを感じずにはいられなかったのであろう。

清沢が帰国した時、外務大臣は内田康哉であった。内田は第二次西園寺内閣（一九一一～一二年）、および原・高橋・加藤（友三郎）の三代の内閣（一九一八～二三年）で外相を務めた外交界の長老で、昭和七年七月に満鉄総裁から転じて斎藤内閣の外相に就任したものであった。ところが内田の外交はヴェテランらしからぬ強引なものであった。事変勃発当時から関東軍に協力的であった内田は、八月二十五日の議会で、当時問題となっていた満洲国（一九三二年三月建国宣言）承認問題に関し、「国を焦土としてもこの主張を徹する」と述べた。内田の焦土外交として有名になったものである。そして九月十五日には満洲国承認に踏み切り、満洲問題を討議する国際連盟総会には松岡洋右を全権として派遣した（十月）。その結果、ついに翌昭和八年三月連盟脱退に至ったことはよく知られている通りである。原・高橋内閣当時外相であり、連盟創設とワシントン会議に深く関与した内田が、満洲事変を擁護してワシントン体制を崩壊させ、さらに連盟脱退を指導したのは、まことに皮肉であった。

清沢の内田批判を全面的に展開したのが「内田外相に問ふ」（『中央公論』一九三三年三月号）であった。これが書き上げられたのは二月七日、連盟における満洲問題の討議は大詰にさしかかっていた。清沢は論ずる。あなたは国を焦土としても退かないと述べた。しかしそれは軍人の領分であって、焦土とならぬよう努力することこそ外交官の仕事ではないのか。またあなたはリットン委員会が報告書を起草している最中に満洲国承認に踏み切った。これは背水の陣をしくものであって、日本の外交を釘づけにしてしまった。「断じて《ネヴァー》」とか「常に《オールウエーズ》」といった断定的な言葉を使うことや、結果を急ぐことは外交にとってタブーだと自分は信じる。スティムソンも断定的な言葉を用いて当初は喝采を浴びたものの、実際にはアメリカを抜き差しならぬところに陥れた。しかし「焦土外交」を叫ぶあなたの「断言外交」ぶりは到底スティムソンの比ではない。

さらに清沢が批判したのは松岡洋右を全権に起用したことであった。日本は世界から侵略国と見られている。あなたは焦土外交を叫んでいる。ここに必要なのは「円満無礙《むげ》」な、平和的な外交であった。しかるに松岡の活動は世界に日本の強硬を示すものとなってしまった。それ以外の対連盟戦術も拙劣で、妨害と恫喝に終始しただけではないか。リットン委員会メンバーが連盟理事会に出席することを拒み、米ソをオブザーヴァーとして招請することを拒み、何かと言うと連盟脱退を示唆する。自己の正義を確信するなら、誰が出席しようと平気ではないか。松岡の活動は日本では高く評価されているが、他国に対しては全く効果を上げていない。これは「背面外交」とでも呼ぶべきものである。背面の傍聴席にいる親類や肉親を喜ばせはするが、肝心の裁判官に訴える力は皆無なのだから。

こうして清沢は内田に国策はあっても外交はないと断ずる。それは連盟政策以外の分野でも見られたところであった。とくに清沢が批判したのは、ソ連が昭和六年末以来日本に対して不可侵条約の締結を提起して来ていたのに、内田がこれを一年も放置し、七年十二月によ うやく、しかもほとんど理由にならぬ理由によって拒絶の回答をしたことであった。それは、これまで不和であったソ連と中国とを結び付けることになった(一九三二年十二月国交回復)

と清沢は見る。「この次ぎに来るものはローズヴルト大統領治下の米国と、ソヴェトとの握手でありませう。××《ママ》外交の行きつくところ、そこに日本の完全なる孤立は実現するのです」と述べて、内田外交の帰結をはなはだ憂慮し、一大転換を行なう決心をするか、さもなければ即時辞職するよう要望したのである。

ところで、このように清沢が内田の戦術的拙劣さを問題としたのは、粘り強い交渉によって、いや硬直した外交を展開することさえなければ、日本の立場を大幅に損なうことなしに満洲問題で連盟と折り合うことが出来ると考えていたためであった。リットン報告書は、日本にとって完全に満足なものではないにせよ、中国にとっても同様であった。とくにそれは、スティムソン流の硬直した態度とは決定的に異なって、過去の責任の追及ではなく将来における紛争の再発を避けることを主眼とした建設的なものであった。清沢は、石井ランシング協定が消滅した今、リットン報告書は、世界に発表されたいかなる公文書よりも満洲における日本の特殊地位を明白に認めたものであるとし、これが問題解決の基礎となることを期待したのである（「リットン報告から大詰まで」、一九三二年十月稿、『非常日本への直言』所収）。

それゆえ、ついに連盟脱退という事態になったことに、清沢は大きな衝撃を受けた。松岡の帰国直前に書かれた「松岡全権に与ふ」（『中央公論』一九三三年五月号）は、この衝撃の中で書かれたためか、清沢の数多い評論の中でも、筆鋒の鋭さにおいて屈指のものとなっている。そこで清沢は、松岡が凱旋将軍のように歓呼して迎えられるであろうことを予測しつつ、明治三十八年ポーツマス会議から帰国した小村寿太郎に浴びせられた非難に言及し、小村がそのことを熟知しながら、群集心理で外交はできないとして決断したことを賞讃して、次のように述べている。

われ等は民衆の声を土台とする議会政治に異議はありません。しかしながら国家の絶大なる難局に面した場合には、暫らく輿論を無視し、国家のために一身を犠牲にするのも国民、殊に指導者の任務ではないでせうか。昔しはこの種の指導者は、確かにわが国に事を欠かなかつた。(中略)

然るに今や、かういふ国士的矜持を有してゐる者が何処にありますか。かれ等はキング・モップ(群衆王)の前に平伏し、恐怖して、たゞその御機嫌を失はざらんことにつとめてゐるではないか。

私の知つてゐる本来の貴方はさうではなかつた。

このように小村やその他の明治の指導者の勇気と叡知を讃えることにより、松岡と内田の外交が大失敗であったことを示唆し、また彼らが「世論を懼《おそ》るゝ政治家」であると批判したのであった。後の『外交史』の冒頭において、清沢は日本外交を貫く特質の一つとして、「民間の輿論が常に強硬で、政府の政策が常に慎重であつたこと」を挙げながら（五頁）、その巻末では、「満洲事変以来、特に支那事変以後は日本に外交は存しなかつた」と述べなければならなかった（五七六頁）。その主な理由の一つは、この内田や松岡に示されたように、外交指導者が矜持を失い、世論に媚びる存在となったからであった。

しかし清沢は批判だけで済ますわけにはいかなかった。同じ論文の中で清沢は、今後の急務として、第一にアメリカとの間で平和を確保すること、第二にソ連と不可侵条約を締結すること、第三に中国との関係を、しばらく時を待って相互に刺激し合うことを避け、改善の方向に向けること、の三点を挙げ、その後に、連盟脱退に際して出された詔書を次のように引用している。

然リト雖《いへども》国際平和ノ確立ハ朕常ニ之ヲ冀求シテ止マス。（中略）今ヤ聯盟ト手ヲ分チ帝国ノ所信ニ是レ従フト雖固《もと》ヨリ東亜ニ偏シテ友邦ノ誼《よしみ》ヲ疎《おろそ》カニスルモノニアラス。愈《いよいよ》信ヲ国際ニ篤クシ大義ヲ宇内ニ顕揚スルハ夙夜《しゅくよ》朕カ念トスル所ナリ。

これをもって清沢は、天皇の意思が国際関係の——国際連盟関係ではないとしても——再建にあるとしたのである。その背後には、国際主義的要素を喪失した日本が、アジアに暴走することへの不安があった。

「内田外相に問ふ」と「松岡全権に与ふ」は、清沢の名声を高め、読者の強い支持を受けた。しかし当時の論壇は強硬外交論一色であって、清沢と同様の主張をした者は他になかったという（『外交史』四九〇頁）。

第三章　自由主義者の孤独——日本外交の混迷

嶋中雄作（右）と（昭和9年9月、山形）

1　アジア・モンロー主義の擡頭

連盟脱退の詔書が出された翌月、昭和八（一九三三）年四月、関東軍は万里の長城を越えて中国本土に進攻した。満洲国と中国本土とを切り離し、その境界を画定することが目的であった。進攻は五月にも行なわれ、三十一日の塘沽停戦協定の締結をもって終了した。ここに中国軍の長城線からの後退などが定められ、境界線も画定した。満洲事変はこれをもって事実上終結したのである。これ以後、昭和十二年七月に日中戦争が勃発するまでを、満洲事変期の興奮が一時鎮静し、国際関係を好転させる可能性が若干存在していたという意味で、準戦間期と呼ぶことが出来るであろう。この時期の日本外交には、様々な潮流が混在していたが、その底流をなしていたのはアジア主義の擡頭であった。清沢が危惧した通り、連盟脱退は日本外交から普遍主義的・国際主義的要素を失わせ、アジア主義擡頭への道を開いたのであった。

昭和八年九月、内田外相が退いて広田弘毅がこれに代わると、外交・国防・財政の調整をはかるため、首相・外相・蔵相・陸相・海相からなる五相会議が組織された。五回にわたる会議の結果合意された外交方針には、「帝国ノ指導ノ下ニ日満支三国ノ提携共助ヲ実現シコレニヨリ東洋ノ恒久的平和ヲ確保シ惹テ世界平和ノ増進ニ貢献スルヲ要ス」と定められていた(外務省編前掲書、下、二七五〜六頁)。それは、満洲事変以前から存在した「日満ブロック論」からさらに一歩を踏み出して、「日満支ブロック論」を打ち出した注目すべき決定であった。それまで日本は、普遍主義的世界秩序の存在を承認した上で、満洲はその原則の当てはまらぬ特殊地域であると主張していたのであるが、ここに、普遍主義的世界秩序の存在そのものを否定し、これに代わる地域主義的国際秩序の樹立を主張し始めたのであった。

翌昭和九年一月の議会で広田外相は、日本は東亜における平和維持の全責任を負うと述べた。また四月には、天羽外務省情報部長は定例の記者会見で、「日本ハ東亜ニ於ケル平和及秩序ヲ維持スヘキ使命ヲ全ウスル決意ヲ有シテ居ル」として、欧米列国の中国に対する共同動作は、たとえ名目は財政援助や技術援助であっても、必然的に政治的意味を帯びるので日本は主義としてこれに反対であり、個別的な援助の場合でも、東亜の平和と秩序を攪乱する場合には反対であると述べた(同前、二八四〜六頁)。それは、前年十月の五相会議決定の自然な表明に過ぎなかったけれども、アジア・モンロー主義の提唱と受け止められ、世界に大きな反響を呼んだ。たしかに、他国の中国に対する政治的行為を認めないとした点で、この天羽声明はモンロー主義的な発想を根底に持っていた。より明確に、モンロー主義をモデルとしてアジア主義外交を唱えた者も少なくなかった。アメリカはモンロー主義によって南北アメリカにおいて指導的立場にあることを主張している、日本のアジアにおける立場もこれと同様であって、アメリカが日本のアジア政策に干渉することは不当である、このような主張がしばしば唱えられていた。一見したところ、これはもっともらしい議論であって、明確に反駁する者は稀であった。清沢はその例外的な一人であった。

まず清沢は、モンロー主義そのものに批判的であった。アメリカが、国際法でもない一方的な宣言を、しかもしばしば自国の都合の良いように解釈を変えつつ振り回し、いかに不当に他国の内政に干渉してきたか、そのことに対して他国——とくにモンロー主義の名の下に干渉された中南米の国々——がいかに強い反感を持ったか、彼は『米国の研究』以来折りにふれて論じている。しかし、一方的な宣言が全く規範性を持たないというわけではない。清沢は「国際問題においては、一つの問題について長く、根気よく執着してゐれば、それが何時の間にか、国際間に認められるといふ特徴がある」として、「この一例はモンロー主義であり、他の例は、も少し狭い意味ではあるけれども、満蒙における日本の特殊地位である」と述べている（「満蒙に対する日米の相違点」、『外交時報』一九二八年七月一日号）。ただ、それには時間が必要であった。清沢は、モンロー主義が国際連盟規約の中で認められ、法的性格を獲得する――厳密には、アメリカは連盟規約を批准しなかったため、問題はあったが――までに一〇〇年近くを要したことを指摘し、これに比べれば満蒙における日本の特殊地位もまだ事実の積み重ねにおいて不十分であり、まして満蒙を越える地域についての指導的立場は、到底他国の支持を得ることは難しいと示唆している（「外交にスローモーションを勧む」、『東洋経済新報』一九三四年五月五日号）。

ところが皮肉なことにモンロー主義は、法的な性格を獲得すると同時に、事実上変容せざるを得なかった。清沢は、第一次大戦後、民族自決の思想が世界に広まり、中南米諸国の反感が一層高まって、アメリカもかつてほど露骨な干渉に出ることは困難となったと指摘している（「中米におけるメキシコの争覇戦」、『国際知識』一九二七年三月号）。とくに彼が注目したのは、フランクリン・ローズヴェルト大統領が、就任（一九三三年三月）当初より善隣外交を唱え、中南米に対する非干渉政策を打ち出したことであった。その後の具体的成果を見守った清沢は、一九三三年末までにモンロー主義は大きな変化を遂げ、かつてのモンロー主義は放棄されたと言っても過言ではないと論じたのである（「日米交渉の基本的考察」、『激動期に生く』所収）。要するに清沢は、モンロー主義はそもそも好ましくない原則であり、とくに第一次大戦以後その貫徹は困難となっており、本家のアメリカでも反省して改めようとしていると論じ、日本の見習うべきはモンロー主義ではなく、これを改めようとするアメリカであると警告したのであった。

なお、清沢には『亜細亜モンロー主義』と題した訳書がある（一九三三年二月）。原著は、在米フィリピン人ヒラリオ・カミノ・モンカドによる『米国と比島及び東洋』という本で、一見したところ、日本をリーダーとするアジアの統一を主張した本であった。しかしそれは、アメリカのモンロー主義を厳しく批判して、平等な関係に基づいた「正しい」モンロー主義を樹立するよう説いたものであり、通常のアジア・モンロー主義の主張とはむしろ逆の主張であると言ってよい。かりにアジア・モンロー主義を唱えるとすれば日本はどのように重大な責任を負わねばならないか、これを明らかにして通常のアジア・モンロー主義者に冷水を浴びせることが清沢の狙いであったのである。

さて、アジア主義が日本外交の底流をなし始めたと言っても、それは断固として表明されたものではなかった。むしろ現象面での日本外交は、国際的孤立の不安の中で一貫性を失って揺れ動いていた。対米関係について見ると、一九三三年一月にはフィリピン独立の方針が決定され（正式には三四年三月に十年後の独立が決定された）、アメリカがアジアから後退するように見えたこともあって、三三年春頃からむしろ親米的風潮が擡頭した。広田外相が一九三四（昭和九）年二月にハル国務長官にメッセージを送り、日米間に根本的に解決不可能な問題はないと述べ、ハルもこれに好意的に応じると、対米関係改善の期待は一層高まった。

しかし清沢は、かつて対米危機が論じられた時に悲観を戒めたのとは逆に、この対米親善論はあてにならないとして、楽観を戒めた（前掲「日米交渉の基本的考察」）。第一に清沢は、フィリピンの独立をアメリカの後退と見ることは一面的であり、アジアの泥沼から足を洗って将来に備えるという積極的な意味があると指摘していた（「日米関係を如何にする」、『外交時報』一九三三年八月一日号）。同時に注目すべきは一九三三年十一月の米ソ国交回復であった。清沢はソ連が対米国交回復以後、急激に対日批判を強めてきたことに注目している（「ソヴェトの対日外交戦」、『外交時報』一九三四年三月一日号）。実際ソ連はこの頃、周辺各国と不可侵条約ないしこれに準ずる条約を締結することにつとめ、また第二次五カ年計画の極東部門を強化しており、まもなく一九三四年九月には国際連盟に加入することになる。日本はソ連から北満鉄道（かつての東支鉄道）を買収しようとし、一九三三年六月以来その交渉を進めていたのであるが、それが一九三五年三月に実現した時、日ソ関係はむしろ悪化していた。脆弱な北満鉄道から後退することにより、かえって日本に対する立場を固めたという点で、これはアメリカにとってのフィリピン独立と似た側面を持っていた。要するに、アメリカやソ連の表面的な後退を親日的態度あるいは対日譲歩と見るのは早計で、米ソがより安全な地点に後退し、相互に提携し、日本に対する態勢を固めたものと清沢は見たのであった。かつて「内田外相に問ふ」で危惧した米ソの対日提携は、実現しつつあったのである。

広田弘毅（左）との対談（昭和10年3月）

第二に清沢は、広田外相は議会で「東洋モンロー主義などといふことは兎角外国に誤解される恐れがあるから慎みたい」と述べているが、その外交の実態はアジア・モンロー主義であると理解していた。昭和九年一月の広田の演説について清沢は、「私は世界に於て斯ういふ大胆なる政策——外交政策を一国の大臣から聞いて、国論が批判なく、無条件にこれを推して居るといふ例を知らないのであります」と述べ、国内で問題にならないのは不思議だが、必ず後世の歴史家はこれを批判するだろうと予言している（「現代ヂャーナリズムの批判」、『講演』一九三四年七月十日号）。

つまり清沢は、広田外交が、表面的にはアメリカに対して柔軟であるが、根底においては硬直していることを、天羽声明以前にすでに見抜いていた。ともかく、清沢は抽象的な親米感情を信じなかった。それを結実させるには、フィリピンの安全のための提案や、日米建艦競争防止のための提案など、何らかの具体的な方策が必要であった。「外交はサイコロジーである。この大衆のサイコロジーを如何に導くかが、ステーツマンシップのかかるところである」(「日米関係を如何にする」)と考えていた清沢は、具体性を欠く広田外交を危ぶんだのである。

清沢がその際とくに懸念していたのは、日米建艦競争の再開であった。ワシントン・ロンドン両軍縮条約は、一九三六(昭和十一)年に期限が満了することになっており、一九三五年にはこれらを再検討するための会議が予定されていた。ところが、一九三三年の秋頃から、一九三五、六年の危機という説が軍部を中心として唱えられ始めた。軍縮会議の一九三五年、あるいは軍縮条約が満期となり、ソ連が第二次五ヵ年計画を完成する一九三六年に日本は戦争に突入する可能性があり、そのために軍備増強に全力を挙げなければならないとする主張であった。この説の主張者は、荒木貞夫陸軍大臣など、斎藤内閣の内部にも存在した。先に述べたアジア・モンロー主義、つまり中国への膨脹傾向と、この一九三五年危機説つまり海軍軍備拡張論、それに対米関係改善への志向が同時に存在していたことは、斎藤内閣・広田外相の対外政策がいかに不安定なものであったかをよく示していると言ってよいであろう。

当然ながら清沢はこの危機説に反対であった。第一に、条約の失効が危機に直結するとは誇張に過ぎる、たとえば、日本が脱退に踏み切った時に何の手も打てなかった連盟が、その後ドイツの脱退によって一層弱体化した現在、日本に対して強硬な手段に出ることが出来るはずがないと清沢は言う。第二に、一九三五、六年危機説を説いているのが、かつて連盟脱退や海軍軍縮条約の廃棄を主張していた連中であることの矛盾を清沢はつく。第三に、もし危機があるならば、それを回避するために直ちに平和攻勢に出るべきであり、軍備拡張だけを唱えるのはおかしいではないかと清沢は批判した（「一九三五年の危機とは何ぞ」、『激動期に生く』所収）。

しかしながら、結局日本は一九三四年末、軍縮条約廃止を通告した。この通告が効力を発する一九三六年を前に、三五年の半ばより、対独提携論が主張され始めた。それは、国際的孤立への不安が、いかに強いものであったかを示すものであった。やがてそれが、一九三六（昭和十一）年十一月の日独防共協定となったわけである。

しかし清沢は、そもそもこのような勢力均衡外交には反対であった。普遍主義的世界秩序が存在しない時、A国に対する接近は直ちにB国に対抗する意味を持つと理解される、そして結局は戦争への道をたどりやすいというのが、その理由であった（前掲「日米交渉の基本的考察」）。のみならず、ドイツと提携することはとくに危険であるとされた。まず、ドイツはアジアに何の権益も武力も持たず、したがって日本にとって大きな援助を与ええないのに対し、イデオロギー的に激しく対立している独ソ衝突に巻き込まれる恐れは少なくないと清沢は考えた。しかも、ナチス・ドイツに対する世界の反感——清沢自身ももちろん強い反感を持っていた——を背負い込む危険が指摘された。また、清沢は、ヒトラーが有色人種に対する露骨な軽蔑を持っていることを指摘し、条約の真実性を保証すべき相互的尊敬が、ドイツの側には存在しないと指摘した（「建設的外交の私案」、『外交時報』一九三六年五月十五日号）。日本人移民として迫害を受けたことのある清沢が、人種問題にはとくに敏感であったとしても、それは当然であろう。

さて、対独提携論の発生と時を同じくして、昭和十年後半から一つの世界的な主張が擡頭することとなった。世界の現状を持てる国と持たざる国との対立としてとらえ、これを再分割するよう要求する主張がそれであった。この種の議論は、ヴェルサイユ体制の成立直後から存在していたが、満洲事変とナチスの権力掌握（一九三三年一月）によって現実の動きとなり、さらに一九三五年十月にイタリアがエチオピアに侵入すると、日本でも持てる国と持たざる国の議論が流行することとなった。アジア主義の底流にドイツ・イタリアの動きが結び付いたものと見ることが出来るであろう。清沢は昭和十年十一月、『世界再分割時代』を著し、また翌十一年五月にも「植民地分割と日本の前途」という講演を行なって（『講演』一九三六年六月二十日号）、この主張を批判している。ここでは、後者によって彼の議論を見てみよう。

清沢によれば、まず持てる国とは何かが曖昧であった。狭い国土に人口が多いことを基準にすることが多いけれども、人口の多いことは一つの力であって、むしろ持てる国の要素ではないか。また、スイスやデンマークは日本よりはるかに小さい国だが、世界でも屈指の豊かな国であって、持たざる国とは言い難い。それに日本はアジアでは明らかに持てる国であり、とくに日本の勢力下にある満洲国や華北を考えれば、国土の点でも持てる国に入るであろう。第二に、問題が植民地の獲得で解決できるかどうかは疑問である。人口の捌け口としてならば、人口稀薄な所が望ましく、製品の市場としてならば人口の多い所が必要である。しかもこれまでの満洲・朝鮮・アメリカへの移民の実績を見ると、日本人が大量に国外に移住することはまずありえない。植民地の獲得は、決して人口問題の解決にならないであろう。それに植民地というものは、獲得にも維持にもコストの大きいものであって、決して有利なものではない。このように清沢は論じた。

ではどのような方法があるのか。世界の国々が、その植民地を他国の国民と製品に開放してこれを差別したり排斥したりしないこと、また原料の供給においても差別しないこと、以上を内容とする国際協定を作ることが、迂遠に見えても最も有効な方法であると清沢は説いている。要するに、移民をも含めた自由貿易体制の確立が問題解決の鍵であるというのが清沢の主張であった。第二次大戦後の日本の繁栄を考えるとまことに興味深い。

以上の時期を通じて外交を担当したのは広田であった。清沢は、内田に代わって広田が外相になった時、これを強く歓迎した。内田に対する批判からしてそれは当然であった。そして就任以来昭和九年の議会が始まるまで、広田が内田時代の「脱線」にブレーキをかけたことを高く評価した。しかし議会が始まってみると清沢の期待はたちまち失望に変わらざるを得なかった。のちに清沢は、広田外交は結局は「波の間に流れる浮草外交」に過ぎなかったと述べることになるのである（「有田八郎論」、『日本評論』一九三六年五月号）。

2　文筆の周辺

さて、昭和七年夏帰国以来、十二年九月にもう一度欧米旅行に出発するまでの清沢の仕事ぶりを見ておこう。七年十月の『アメリカは日本と戦はず』と八年二月の訳書『亜細亜モンロー主義』まではすでにふれた。これに続き、八年の三月には『非常日本への直言』、一一月には『革命期のアメリカ経済』、九年七月には『激動期に生く』、十年の一月には『混迷時代の生活態度』、六月には『現代日本論』、十一月には前述の『世界再分割時代』、十一年十月には『時代・生活・思想』および訳書『極東の危機』（アメリカの前国務長官ヘンリー・スティムソンの有名な著書を『中央公論』一九三六年十一月号付録として翻訳出版したもの）、そして十二年の九月には『ソ聯の現状とその批判』がそれぞれ刊行されている。この五年間に合計九冊の著書と二冊の訳書が出版されたわけである。題名から分かるように、著書九冊のうち、『アメリカは日本と戦はず』『革命期のアメリカ経済』『世界再分割時代』『ソ聯の現状とその批判』の四冊が内容上のまとまりを持っているが、他の五冊の内容は、政治・外交・社会・思想・歴史など、各方面にまたがっている。以上の一一冊の著訳書の他に、無数と言ってよいほどの新聞記事や雑誌論文がある。著書の大部分は、そうした記事や論文を集め、またはそれらを書き直したものである。それにしても凄まじい執筆ぶりであった。

この間、清沢はしばしば講演を行なっている。長期の講演旅行となったのは、昭和九年八月から十月にかけて行った『婦人公論』新生活運動全日本巡回講演会で、同行は嶋中雄作、細田民樹、下村千秋ら、植民地と高知・徳島を除き、人口五万以上の都市を全てまわったという。八月のスケジュールだけを示しておくと、和歌山（二日）－神戸（三日）－姫路（四日）－鳥取・松江（六日）－米子（八日）－岡山（九日）－高松（十日）－松山（十一日）－呉（十二日）－広島（十三日）－山口（十四日）－門司（十五日）－福岡（十八日）－佐賀（十九日）－佐世保（二十日）－長崎（二十一日）－熊本（二十二日）－鹿児島（二十三日）－宮崎（二十四日）－大分（二十五日）－京都（二十七日）－奈良（二十八日）－津（二十九日）－帰京（三十日）、といったぐあいである。そのタフネスには驚くほかはない。また昭和十年一月下旬から、台湾で二週間ほどの講演旅行を行なっている。そのあと華南に行ったのち、二月末頃帰国している。

講演会は、あとで雑誌に掲載されたり、パンフレットとなることが多かった。たとえば東京講演会の『講演』は、様々な講演を毎回一ないし二本ずつ掲載する雑誌であったが、清沢は何度かそこに登場する。また東洋経済新報が組織していた経済俱楽部というクラブでは、しばしば講演会を行ない、これをすぐに『経済俱楽部講演』というパンフレットにしていた。ここにも清沢は何度か登場する。たとえば、昭和九年五月に早大出版研究会主催で行なった「現代ヂャーナリズムの批判」という講演は『講演』七月十日号に、また九年三月十五日に東亜同文会主催で行なった「支那の対日態度を打診する」という講演は『講演』三月三十日号に、それぞれ掲載された。十二年の五月二十七日に経済俱楽部定例午餐会で行なった「世界思想家のソヴイエト批判の紹介」という講演は、『経済俱楽部講演』第一五三輯（六月二十二日、東洋経済出版部）に掲載されている。なお、これをさらに充実させた小冊子が『ソ聯の現状とその批判』である。また『混迷時代の生活態度』も、ある講演（おそらく『婦人公論』の全日本巡回講演会）を踏まえて書いたものだという（同書序文）。

しかし清沢が講演を得意としたわけではない。『北米時事』に送ったある記事で清沢は九年八~十月の講演旅行を振り返り、自分の講演は「少し自分で情けなくなるくらゐ下手」だと述べ、世間の狭いシアトル辺では詐欺をするとすぐにいられなくなるが、日本では世間が広いから詐欺でも一生食える、自分の講演も全国の人が懲り懲りになるまでしばらく続くだろうと書いている（「新年筆初め」下、一九三五年二月六日頃）。しかし講演には聴衆と直接接触できる魅力があり、経済的にも実入りの多いものだったらしい。またその準備も手早く、あまり時間もかからなかった。台湾に行った時のことである。到着の日の六時半からラジオ放送を行なうことになっていると清沢は知らされる。連絡の行き違いがあったらしく、初耳であった。あわてて清沢は汽車の外の景色も見ないで書き始め、何とか二五分の講演の原稿を仕上げた。「北米時事あたりで鍛へた有難さには、悪からう、早からうには何人にも引けはとらぬ」と清沢は書いている（「台湾より」、『北米時事』一九三五年二月二十三日）。通常の講演なら、もっと少ない準備で足りたのであろう。

このような精力的な執筆はどのように行なわれたのであろうか。清沢は七年夏帰国してすぐ、書斎を改築した。それは書庫兼書斎とでも言うべきもので、多くの本棚以外に、壁際にカード・ボックスがあって資料がきちんと整理されており、いつでもたちどころに関係資料が捜せるようになっていた。仕事中に席を離れる必要のないよう、切り換え電話も置かれていた。当時としては珍しいことに属する。ここを清沢は自分の工場と呼んでいた（「新年の

書斎で資料を整理する夫人（昭和10年10月頃）

朝」、『北米時事』一九三三年二月一日)。清沢の仕事ぶりも、文筆家には珍しく規則正しいもので、工場にふさわしいものであった。朝食を済ませると二階の書斎に入り、食事や外出の時以外は原則としてそこにこもった。書斎に向かう階段の下と上の両方にドアがあり、防音効果を上げていた。子供たちにとっては、お休みなさいを言いに行く時などのほかは、行きにくい場所であったらしい。なお、資料の整理は夫人の仕事であった由である（池田まり子氏談）。

彼の資料となったのは、日本のものは当然として、英米の新聞雑誌であった。少なくとも『ニューヨーク・タイムズ』『マンチェスター・ガーディアン』などの新聞、『ニュー・リパブリック』『ネーション』『フォーリン・アフェアーズ』その他の雑誌を直接購読していたらしいことが、彼の記事や論文から分かる。これらを引用する早さは、当時としては異例のものであった。たとえば、前掲の「建設的外交の私案」という論文は、『外交時報』の昭和十一年五月十五日号に掲載されたもので、四月二十日過ぎに書き上げられたものと思われるが、その中で清沢は『フォーリン・アフェアーズ』の四月号に言及しているのである。

余談ながら、ここで清沢が言及したのはバーバラ・ワートハイム（Barbara Wertheim）という人の"Japan－A Clinical Note"という日本社会の病理を鋭く指摘した小論文である。これが実は現代アメリカの著名な歴史家バーバラ・タックマン（Barbara Tuchman）の事実上の処女作であった。当時太平洋問題調査会に勤めていた彼女は、『フォーリン・アフェアーズ』のような権威ある雑誌に自分のような若くて無名の人間の原稿が載ったことの驚きを、この論文を『歴史を書くこと』（*Writing History*, 1982.）に収めるにあたって回想している。タックマンの代表作の一つは、『スティルウェルと中国におけるアメリカの経験』（*Stilwell and the American Experience in China, 1911-1945*, 1970.）であって、その題名の通り、アメリカ軍人の中で最大の中国通であったスティルウェルを中心として、彼女自身にも関係の深い中国を舞台に米中関係を描いたものである。太平洋問題調査会に勤務したことに見られる関心といい、文体の面白さといい、その在野性といい、清沢とタックマンには相通じるものがある。清沢がアメリカで歴史を書いたらタックマンのような人になったのではないかと思えないこともない。ともかく、この両者のただ一度の興味ある出会いであった。

新聞雑誌以外にも、清沢は英米の著作に親しむことが多かった。最も愛読したのはバートランド・ラッセルであり、ついでH・G・ウェルズ、ジョン・デューイ、チャールズ・ビアードなどがよく引用されている。自由主義の立場を堅持しつつ、世界史の中に現代の様々な問題をとらえた著作、とくに、本格的な思索の所産を、平易な叙述の中に著したものを好んだと言うことが出来る。アメリカのアジア政策などでは、タイラー・デネットやホイットニー・グリズウォルドなどを始めとして、重要な文献はたいてい読んでいる。経済学の分野でも、ケインズの学説を紹介するなど、相当多くのものを読んでいる（「転向したケーンズ教授」、『中外商業新報』一九三三年七月三十日より三回連載）。

ともかく読書は彼の誇ったものの一つであった。本格的な著作から学び続けることが最も重要だと清沢は考えていた。逆に、雑多な文献の根拠薄弱な情報や、自己の狭い範囲の見聞に依拠することは少なかった（前掲山本）。たとえば、昭和五年に一四カ月ぶりに帰国した時、清沢は、旅行は人を賢くするというのは迷信で、むしろ狭い範囲の経験を絶対化する恐れがあり、読書時間を失っただけ、時勢に遅れたような気がすると告白している（『アメリカを裸体にす』序文）。また十一年には早稲田大学講義録発行によせて、自分は全く独学であると述べ、「しかし今から顧みて、学問といふものは、学校に行くことではないと考へます。

三ヶ年、学校へ行つて勉強するよりも、三十ヶ年、たえず知識を吸収する方が、結果がいいことは確かです」と語っている（『東京日日新聞』三月二十二日）。それは、独学にもかかわらず、学問では負けないという自負を示す言葉であった。

それゆえ清沢は、恵まれた境遇にある学者、とくに帝国大学教授に対して複雑な感情を持っていた。「老人国ニッポン」というエセーで清沢は、外国に比べ日本では、政治家が高齢なのに対し、年季が必要なはずの学者が引退同様となってしまうのが早すぎるとして、次のように述べている。「帝大あたりの教室に行つて御覧じろ。一壇高《ママ》いところに立つて、ニキビをつぶしながら何か話してゐるから、生徒が面白半分の真似事かと思つたら、その若い人が『帝大教授』だとある。いかにかれが天才であつたにしても、小学校を卒業して一体何ヶ年になる。かりに十日に一冊づゝ本を読んでも、かれにどれだけの智恵が頭の中に詰めこまれて居るのか。だから見ろ、彼等の『学問』は洋書の目録を並べることではないか」（『激動期に生く』所収）。読書の量については、彼らに劣らないと自負するところがあったのである。

昭和八年の滝川事件においても、清沢はもちろん文部省を批判していたけれども（『報知新聞』一九三三年五月二十六日）、京大側に対する世間の同情が盛り上がらないことについては、帝国大学教授の特権的地位に対する反感が大きな原因であるとして、次のように述べている。「タンマリ月給を貰つて本を読む機関が充分に完備してゐて、それで一週間に僅かばかり講義して――余は雑誌原稿や、読本を書いて、マルクスがどうだのジャーナリズムがかうのでは、少し他の平民に比して、ぶがよすぎるといふ気持が、一般人の間にはある。もし階級闘争みたいなことをいふのならば、その特権的位置から下りて来い。そんな塹壕の中から鉄砲を打つやうなことを止して平地の上で尋常に戦つたらどうか。そんな気持があるからではないかと思ふ」(『九州日報』一九三三年六月七日)。幾分かは彼自身の気持をも述べたものであろう。

清沢はその旺盛な活動力のため、かなり裕福であった。昭和四年に渡米する前の話であるが、清沢はある月に一二の雑誌に執筆し、六〇〇〇~七〇〇〇円程度の原稿料があったと語ったという(前掲翁「清沢洌を送る」)。帝国大学卒業生の初任給が七〇円程度であった頃である。その後も、日中戦争が深刻化する一九三〇年代の末頃までは、多くの著書の印税もあったため、収入がそれより増えることはあっても減ることはなかったであろう。建て増しを重ねた鵜の木の自宅も、土地が借地であり、場所も当時としてはやや田舎ではあったものの、高台の素晴らしい見晴らしを持つ立派なものであったらしい。初めて訪れた人は、文士らしかぬ邸宅に驚くのが常であった(「当代論客姿態(六)清沢洌の巻」、掲載紙不明、一九三三年六月二十八日)。

では清沢は同時代の人々からどのように評価されていたのであろうか。一部に高い評価があったことはもちろんである。たとえば自由主義者であり親しい友人であった芦田均は、清沢がローズヴェルトの大統領選勝利という同じテーマについて『中央公論』と『改造』という当時の二大雑誌の昭和七年十二月号に同時に書いたことを取り上げ、重複なしに両方ともに面白いものに仕上げているとして、その「才筆」と「材料の豊富」を賞讃している（「十二月の論壇」四、掲載紙不明、一九三二年十二月四日）。例の「工場」を舞台とした精力的な材料収集と筆の冴えはしばしば賞讃されたものである。もう一つ、彼の自由主義からする勇気ある言論にうたれた人は少なくなかった。「内田外相に問ふ」や「松岡全権に与ふ」はその顕著な例である。たとえば『名古屋新聞』の呉山楼は、「清沢さん／あなたは、われらの言はんとして言ひ能はざるところを、ズバリといってのけました。比類稀なる名文をもつて」と述べ、二つの論文を絶讃した（一九三三年五月五日）。

しかし、全体として知識人の清沢評価は必ずしも高くはなかった。たとえば向坂逸郎は、「清沢洌氏も対談すればいゝ人なのであらうが、書く理屈は粗雑で我慢の出来ないところがある。（中略）内心自由主義の欠陥を知つて、これを救ふために、理屈をイギリス辺から借りて来る所で、理論的ボロを出しがちである」と述べ、清沢における理論の欠如――より正確にはマルクス主義理論の欠如――を批判していた（「日本思想界分布図」、掲載紙不明、一九三五年七月二日）。いつまでも時代後れの自由主義にしがみついている問題にならない人物、というのが左翼の典型的な清沢イメージであった。他方で、右翼も逆の意味で清沢の理論の欠如ないし誤謬を批判した。前にもふれた「自由主義者列伝」は、清沢の評論の底にあるのは、「依然として戦争反対であり、国際協調主義であり、自由主義的批評精神である」から救い難いと述べている（『国民新聞』一九三九年六月十五日）。「思想」がない、あるいは誤っていると見る点で、右翼も左翼も共通していた。

もう一つの批判は、以上の裏返しであるが、清沢の書いているのは結局「内外新聞の糊と鋏」に過ぎないというものであった。これも左翼と右翼に共通する批判であって、中央公論社その他の編集者の中で、清沢の評論は新聞の切り抜き評論であるとして、彼を三流外交評論家扱いする編集者が少なくなかったらしい。清沢の文章も、右翼からは「女学生の作文」のようだと批判され、編集者からは格調が低いと批判された（同前および前掲雨宮）。たしかに清沢の評論の中身には「糊と鋏」のようなところがあり、その文章にはおよそ難解なところがなかった。しかし、広く材料を収集し、健全な判断力で取捨選択し、これを平易明快な言葉で著して自らの主張とともに読者に提供することは、ジャーナリズムの最も基本的で最も重要な仕事である。当時の知識人は、その思弁的性格ゆえに、このことを十分理解することが出来なかったのである。

以上のような清沢に対する低い評価は学生の間でも同様であった。清沢は昭和十年六月二一日、東京帝大経友会の主催による「自由主義とその批判」という討論会に、右翼代表の藤沢親雄、左翼代表の戸坂潤とともに出たことがある。藤沢の講演は全く不評、清沢の講演は右翼批判のところだけ拍手、戸坂の講演はその難解さにもかかわらず拍手喝采という風であった（掲載紙不明、一九三五年六月二十四日）。若き知識人ないし知識人予備軍たる学生の関心は、当時の知的雰囲気を知るのに極めて重要であるが、彼らも思弁的・抽象的な議論を好む点で、先輩知識人と同様であった。

問題は、ごく一般の人々さえ清沢の議論に耳を傾けなかったことである。清沢は昭和九年の講演旅行について、自分の平和論に恐らく聴衆の三分の二以上はむしろ反感を覚えたようだと述べている（「日本全土の旅行を終へて」）。経済倶楽部講演のように、やや内輪の講演は別として、わざわざ講演会にやってきながら、始めから耳を傾けようとせず、「国内の事情を知らぬ奴だ」とか、「外国に買収されてゐるのだ」という反応を示す者が少なくなかった。長年研究してきたアメリカの政策やソ連の態度についての講演がこのような扱いを受けた時、さすがの清沢も、「他人の誠実なる言語を聞いて、それが買収されたからだと感ずるやうな卑劣なる思想に衷心からの憤りを感ずる」と述べずにはいられなかった（「我等の生活態度」、『時代・生活・思想』所収）。

3　自由主義の再提唱

しかし清沢はそういう人々に対しても同情を失わなかった。ジャーナリズムの責任が大きいと考えていたからである。一九二〇年代後期に始まった清沢の新聞批判は、満洲事変や連盟脱退に対する新聞の熱狂的支持を見て、一層明確なものとなっていた。

昭和九年三月号の『改造』に掲載された「ジャーナリズムの反動性と進歩性」という評論において清沢は、原敬を暗殺した中岡艮一が刑期を終えて宮城刑務所を出所する時、いかに猛烈な報道合戦が行なわれたかを述べている。『時事』『報知』『読売』は社会部記者を仙台に特派した。写真を急送するため、『読売』は飛行機を仙台に準備し、他社は伝書鳩を用意した。『時事』は一面のほとんど全てをつぶし、『読売』も夕刊一面の一一段、見識を誇る『朝日』さえ写真を含めて六段の扱いをした。のみならず、中岡が共産主義や国家社会主義にコメントする言葉まで逐一報道された。まことに松岡洋右と中岡艮一こそは近来の二大英雄であったと清沢は批判した。同じ評論で清沢は、満洲事変に関するリットン報告書が出された時、個々の新聞記者はその質の高さを——内容に対する批判はあっても——一様に評価していたのに、翌日の紙面は報告書に対する罵倒一色であったと、その驚きを述べている。

なぜこのようなことが起こるのか。それは新聞が大企業になり、一部知識階級を相手にするのではなく、何十万、何百万という大衆を相手にするようになり、理性に訴えかけるのではなく、大衆の伝統に根ざした感情に媚びるようになったためであると清沢は考えた。ここから日本の新聞のいくつかの特色が生まれていると清沢は言う（「現代ヂャーナリズムの批判」）。その第一は国家主義であって、その結果、日本の外交は批判を受けなくなってしまい、外務省は自己麻酔に陥ってしまっている。アジア・モンロー主義を打ち出したに等しい昭和九年一月の広田外相の重要な演説に対し、何ら批判が起こらないのは危険この上もないと清沢は批判する。その第二は、無類のゴシップ好きであり、たとえば政治家の個人の問題だけに関心を集中して、政策の基本方針を論ずることが少なすぎると清沢は言う。その第三は事実に対する軽視であって、これは感情への訴えかけを重視することの必然的な帰結であった。そしておそらく清沢が最も重視したのが、日本のジャーナリズムはその根本においてリベラリズムを欠いているという点であった。あらゆる問題についてその両方の側面を公平に読者に提供することが、長期的に見て新聞が成功するために最も必要な条件であると清沢は信じて疑わなかった。これらの条件が欠けていたのでは、読者が新聞に誤られるのもある程度無理はないと清沢は考えたのであった。

清沢が昭和九年頃から、自らのリベラリズムを一層明確に定義し、これを読者の前に率直に訴えかけるようになったのは、以上のような時代と社会の状況と関係していた。リベラリズムがこのような時代にこそますます必要だと彼は信じるようになった。また、閉塞状況の中で依然として彼の言論に耳を傾けてくれる読者を、以前にもまして貴重なものと感じるようになった。『激動期に生く』（一九三四年）の序は、「良心とは罪悪であらうか。良心をそのまゝに表現することは、罪を国家と社会に犯すことであらうか」という読者への問いかけで始まり、「この書は自由に良心を現はすことによつてのみ、国家と社会も進歩すると信ずる著者の現代思想に対する批判と感想だ。時に皮肉や、冷笑に見える文章の中にも、わが日本に対する限りない愛情と希望を有してゐることを、慧眼なる読者は見落としてくれまいと思ふ」という読者への要請で結ばれている。本論冒頭には、さらに「読者への言葉」という一章が置かれている。それは次のように始まる。「友よ／縁あつて貴方は、私のこの拙い文章の読者となつて下さいました。私はこれを光栄と存じます」。続く何度かの「友よ」に始まる読者への語りかけの中で清沢は、流行の日本精神なるものが何であるか自分には理解できないと述べ、その他いくつかの時代の風潮を批判したのちに言う。

私は燃えさかる国民主義の真中に立ちながら、なほ過去二十年来護つて来た立場を護り続ける時代遅れの一人なのです。日本の発展と、膨脹を何人にも増して祈願する私は、この目的を達するのには矢張り直接行動の近道をとらずに、合法主義の廻り道をとる以外にないと信じてゐます。それは国際的にも、国内的にもさうであつて、その立場から現代の諸問題を見たのがこの書なのです。

そしてなぜ、どのような意味で自分が自由主義者であるのかを、次のように読者に明らかにする。このスタイルは『現代日本論』（一九三五年）や『時代・生活・思想』（一九三六年）でも踏襲されている。

清沢によれば、彼の自由主義は、制約からの自由を求める古典的な主張であって、主義とかドクトリンとかいうものではなかった。抑圧からの自由を求め、他人に支配されることを拒む代わりに他人に対して寛容をもって臨む態度、心構え、それが彼の自由主義の根底であった。もし清沢が、経済的な意味での自由主義者であったならば、一九二九年以降の世界恐慌で資本主義が大きな打撃を受け、他方でソ連の五カ年計画やナチスの経済政策が成功していることを目撃して、その信念を揺るがせていたかもしれない。またもし彼が政治的な主義としての自由主義者であったならば、政党政治の無力に絶望し、全体主義の擡頭に心を奪われていたかもしれない。態度、心構えとしての自由を基底としていた――それは、青年期のキリスト教の信仰とアメリカでの生活によって育まれたものであろう――ことが、彼が自由主義者として一貫しえた大きな理由であった。

これと関連して重要なのは、清沢が思想とは結局性格であると考えていたことである。独断と狭量、他の立場を認めぬ戦闘精神、これらにおいて、右翼と左翼の根は同じだと清沢は見ていた（「思想宿命論」、『激動期に生く』所収）。その逆に、清沢が最も好ましい性格だと感じていたのが高橋是清のそれであった。財政家としての能力とともに、清沢は高橋の飾らない性格、根底における楽観主義、現状に満足しない冒険の精神、常に学び続ける態度などに大いに共鳴していた（「高橋是清論」、『経済往来』一九三五年一月号）。高橋もやはり若くして渡米し、苦学した人物であって、「清沢氏ほどアメリカ臭味がなくて、直截簡明なアメリカ気風を会得したものはない」という馬場恒吾の言葉は高橋にもあてはまる。もう一人例を挙げると、アメリカ経験とはあまり関係がないが、福沢諭吉である。清沢は福沢諭吉のことを「日本が輩出した最も偉い人だと思ふ」と述べ、その業績を尊敬していたのみならず、『福翁自伝』中の迷信退治のエピソードや、そこに現れた福沢の性格を大変好んでいた（『混迷時代の生活態度』三九頁）。要するに清沢は、高橋や福沢の性格の中に、自分とも共通する好ましいものを感じていたのである。このような性格ががんらい全体主義やイデオロギーに染まりにくいものであり、態度、心構えとしての自由主義と、表裏一体をなしていたことは言うまでもないであろう。

4　準戦間期の内政——五・一五から二・二六へ

さて、満洲事変以後の内政の動きと、これに対する清沢の評価についてもふれておかねばならない。犬養内閣が昭和七（一九三二）年五月に五・一五事件で倒れたあと、成立したのは斎藤実の内閣であった。これが九年七月に倒れると、やはり海軍大将であった岡田啓介が内閣を組織し、十一年二月の二・二六事件まで政権を担当した。

斎藤内閣が成立した時、清沢はアメリカでこれを聞いて歓迎した。「西園寺公は依然として頭よし、かれを、この際持つてゐたことは日本の幸福であつた」と清沢は五月二十四日の日記に書いている。斎藤内閣は政党内閣の歴史に終止符を打ったものであったけれども、大蔵大臣に高橋是清、内務大臣に山本達雄という政党出身の有力者を配した点や、斎藤自身の性格・思想を含め、当時として考えられる最も穏健な内閣の一つであった。それゆえ、急進的な現状打破を主張する軍その他の勢力はこれに不満であった。昭和八年十月より重要国策を決定するために五相会議が行なわれたことはすでに述べたが、この会議でも荒木陸相などの急進的主張は容れられず、軍の中には不満が高まった。これを背景として、翌九年の初め頃には倒閣運動が具体化していった。

昭和九年三月末に執筆された「西園寺公に奉るの書」（『中央公論』五月号）で清沢は、辞職を噂されていた斎藤首相が留任を決意したことを支持している。辞職の場合、後任として有力であったのは平沼騏一郎であって、軍部にはこれを期待する者が多かった。清沢は、平沼が軍を背景としていることと、その非科学性とに大きな不満を持っていた。「日本精神、王道主義――かうした文字が抽象的、哲学的にはどんなに深淵に響きませうとも、それは田舎の河川一つ修築出来ない抽象文字なのです」と述べた清沢は、アイデアルとポリシーとを混同するな、アイデアルだけでは政治は出来ないとして、平沼を排撃した。

と言っても清沢が斎藤内閣を積極的な意味で支持していたのでは決してない。斎藤内閣はたしかに弱体であり無為であった。その原因として政党の後退と軍部の進出があったのはもちろんであるが、清沢はもう一つの理由を、その間隙をぬって擡頭したいわゆる新官僚の勢力に求めていた。三月三十日の『報知新聞』の論説で清沢は、「我国において非常時が生んだ最も大きな産物は、官僚といふ行政的専門家が、無茶苦茶に威張り出したことである」と述べている。軍と新官僚を含めた「事務的官僚政治」が一貫性のある統一的国家意思の形成を妨げている、対外問題を見ても、ある部門はロシアに備え、ある部門はアメリカに備え、また他の部門はイギリスに備える、その結果日本は八方を敵として一国を友人とすることすら出来ない、「リーダーシップの欠けてゐるところでは（中略）国家意志は下級官吏の局部的常識によつて国の内外に発せられてゐます」と清沢は嘆いた(「西園寺公に奉るの書」)。

斎藤内閣は、まもなく、帝人事件の疑惑で辞職した(七月)。清沢は内閣辞職が伝えられた時、このように綱紀粛正問題を政争の道具とするのは遺憾であるとして、政策による争いを重視せよと批判した(『激動期に生く』三七二頁)。なお、この事件は、昭和十二年十二月の判決において何の根拠もないことが明らかになり、がんらい倒閣のための陰謀ではなかったのか、司法ファッショではないかと、強い批判を浴びたものである。

次に成立したのはやはり海軍大将の岡田啓介による内閣であった。ここでも民政党出身者二、政友会出身者は二であって、斎藤内閣と同じであり、穏健派の内閣であった。しかし政党の力は明らかに後退しており、清沢が恐れた様々の弊害が一層顕著となってきた。九年十月に陸軍省新聞班は『国防の本義とその強化の提唱』といういわゆる陸軍パンフレットを発行し、国防を国策の中心にすえ、政治・経済・文化をこれに従属させること、そのために経済の統制化をはからねばならないことを主張した。清沢は、これは第三党の出現であると論じた。軍がその本来の職務の枠を越えて、政治の全ての分野について発言を開始したことを批判してのことであった(「『第三党』の出現」、『中央公論』一九三四年十一月号)。また翌十年における天皇機関説問題も、現状維持的で穏健なこの内閣に対する右翼からの攻撃であった。官僚の進出も一層進んだ。清沢は「事務官僚の跳梁」(『改造』一九三六年四月号)という論文で、近頃は各省次官会議や関係各省局長会議が一国の最高の政策を定める場となっていると述べ、現在最も重要な国策である中国政策が、大臣でも次官でもなく、もっと下級の事務官僚によって定められていると批判している。

それでも清沢はこの内閣に対して期待していた。「事務的官僚政治」は、まず財政で行き詰まると見ていたからであった。問題の蔵相には、藤井真信が就任していたが、わずか四カ月で病気に倒れ、再び高橋が復帰していた。高橋の財政家としての力量に清沢は高い評価を置き、斎藤内閣においても、これを支えるのは斎藤が四割、高橋が六割であると述べていたほどであった（「超然内閣の存在理由」、『中央公論』一九三四年五月号）。もちろん、財政技師としての高橋だけでは不十分であることを清沢は熟知していた。さらに加えて、原敬の政治的技術と、尾崎行雄（あまり適当な例ではないと断っているが）の理想主義が必要だと清沢は述べている（「高橋是清論」）。それがおそらく彼における政治家の理想像であった。しかし、それは当時にあってははなはだ難しい注文であった。ともかくも、斎藤・岡田両内閣の現状維持的・消極的な性格によって、事態がそれ以上に悪化しないことを期待するほかはなかったのである。

昭和十一年二月の二・二六事件は、以上のような中間的な政治形態に決定的な打撃を与えたものであった。その後の組閣ははなはだ難航した。最初に組閣を命ぜられた近衛文麿は健康を理由に辞退し、次の候補者となった広田弘毅には陸軍から露骨な干渉が加えられた。外相に予定された吉田茂が親英米的であるとして忌避されたのを始め、五名の入閣候補者について注文がつけられ、また内閣の政策についても多くの要求が出された結果、譲歩に譲歩を重ねてようやく広田内閣は成立した。

広田の組閣について清沢は面白いことを言っている。広田は自分が首相に任命された理由として、外交関係の処理を期待されたものであると述べた。二・二六は国際問題で起こったのではないから、ちょっと奇妙に感じられる、しかしそこには理由がある。人は突然手を打たれても頭をかばうものだ、妊婦はつまずいた時、無意識にお腹をかばう、つまり最も大事なところを守ろうとするものだ。二・二六の時にも国民は、その背後にあるイデオロギーが日本をどこにもっていこうとしているかについて誤らなかった、最大の危険が対外問題にあると直感したのだ。このように清沢は述べている（「二・二六事件一周年」、『改造』一九三七年二月号）。

ところが清沢にとって広田内閣は失望以外の何物でもなかった。広田内閣は結局何をしたか、それは三〇億四〇〇〇万円の予算と日独防共協定だけだと清沢は批判する（「いつ如何に辞職すべきか」、『日本評論』一九三七年二月号）。この予算は、前年度比三二パーセント増、四億円の増税と二億円の公債増発をともなう超大型予算であり、高橋是清によって維持されてきた財政による軍備拡張の抑制は、高橋の死とともに葬り去られたのである。しかも問題は、馬場蔵相が戦時予算であると明言してこの予算を通したその翌日に日独防共協定が発表されたことであった。これは明らかに戦争に一歩近付くためであると清沢は批判した（「座談会・世界はどうなる」、『自由』一九三七年二月号）。最大の問題である外交で、広田は決定的な失敗を犯したと清沢は考えたのである。

広田内閣が昭和十二年一月倒れたのは、よく知られているように、浜田国松のいわゆる切腹問答の結果であった。その後の組閣の大命は宇垣一成に下ったが、陸軍の拒否権で内閣を組織することが出来なかった。結局二月に陸軍の林銑十郎が内閣を組織したが、これも四カ月で内閣を投げ出した。こうしてわずか五カ月で三つの内閣が失敗に終わったのち、非常な人気と大きな期待を担って登場したのが近衛文麿であった。知識人の間でも近衛に期待した人は多かったが、清沢はおそらく最も近衛に対して危惧した人の一人であった。「近衛公の思想的背景——心臓は右翼に、頭は自由主義に」（『日本評論』一九三七年七月号）という評論において、清沢は近衛が長男をプリンストン大学に留学させながら、次男は純日本式の教育で育て、出来れば軍人にしたいと述べたことを取り上げ、近衛には思想があるのだろうかと疑問を呈する。近衛には現状に対する鋭い感覚はある、しかし感覚は思想ではない、「それが思想と呼ばれんがためには、統一ある形態を必要とする」と清沢は言う。また、ある座談会では、軍部（あるグループと言っている）がその政策を実行させるために近衛を出すに過ぎないと述べている（「近衛内閣の成立を語る」、『東洋経済新報』一九三七年六月十二日）。名門に生まれながら反抗心を抱いて成長し、「英米本位の平和主義を排す」を書いた近衛と、移民生活をしながらも常に楽観を好み、何よりも英米との協調が重要だと考えた清沢と、二人はあらゆる点で正反対であった。清沢が近衛を評価しなかったのは当然であろう。

第四章　評論から研究へ
——日中戦争と日米戦争

石橋湛山（左）と（昭和14年8月、北大クラーク像前にて）

1　日中戦争の勃発と欧米旅行

昭和十二（一九三七）年七月、日中戦争が勃発すると、日本外交はいよいよ混迷の度を深めることとなった。戦争勃発当初、陸軍の内部には石原莞爾参謀本部第一部長を始めとする不拡大派があり、紛争の局地的解決を主張したが、近衛首相や広田外相らの積極的な支持がなかったこともあって、一挙に中国を屈伏せしむべしとする「対支一撃」論者に押し切られてしまった。また十一月には駐華ドイツ大使トラウトマンを仲介とする和平工作が開始され、多田駿参謀次長に代表される参謀本部（当時参謀総長は皇族であったため実権は次長にあった）はこのトラウトマン工作に期待をかけたが、内閣は十二月の首都南京の陥落に沸く世論の中で和平条件を一層苛酷なものとしてしまった。その結果、翌十三年一月には「爾後国民政府ヲ対手トセス」という著名な第一次近衛声明が発表されてしまったのである。以上二度の決定的な局面において、外交はたんに戦争に引きずられただけではなく、むしろ戦争拡大へのイニシアティヴを取ったのである。日中戦争は、このように、軍事的な泥沼であっただけでなく、外交的な泥沼でもあった。清沢が連盟脱退にあたって指摘した「世論を懼るゝ政治家」の病理は、いよいよ深刻となっていたのである。

日中戦争勃発後まもない九月、清沢は日本を発ってアメリカ経由でヨーロッパに行き、翌十三年七月に帰国するまで海外で過ごすことになった。この旅行は、清沢にとって全く新しい経験となり、彼の自由主義のいわば試金石となった。彼の日中戦争論に移る前に、この旅行の経験について述べておきたい。

旅行の主たる目的は、十一月にロンドンで開かれる予定の国際ペン・クラブ理事会に日本ペン倶楽部を代表して出席するためであった。国際ペンは非政治的な団体であったが、深刻化しつつある日中戦争が話題となることが予測され、その場合に備え、純然たる文人よりも、外交問題に詳しく、外国語にも堪能な人物を派遣するのがよいと考えられた。比較的新参の理事であった清沢が派遣されたのはそのためであった。欧米旅行それ自体がまだ珍しかったこともあって、清沢の訪欧は主要新聞各紙で報じられた。そのうち『国民新聞』は、「支那事変に関し我が国の真意を説く国民使節が続々欧米に送らる時、日本ペン倶楽部でも（中略）清沢洌氏を派遣することになった」と、やや大きくかつナショナリスティックな記事を掲載している。しかしそれ以外の新聞の記事は、控えめであった。

十月一日、ハワイに到着した清沢は、ある邦字紙（紙名不明）のインタビューに応じ、日本国内では、実力行使が不可避であるという認識が広まっているという事実を、それが正しいかどうかは別としてという条件つきで述べている。しかしその記事には、「自由評論家清沢洌氏事変を斯く観る」、「支那人に対しては力を用ひねば駄目」という巨大な見出しが付けられていた。故国の正しさを信じたい日本人社会と、清沢との間に、かなりのギャップがあったのである。

その直後、十月五日、ローズヴェルト大統領はシカゴで演説し、伝染病患者を隔離することが必要なように、国際社会でも「無法国家」は一時隔離しなければならないと述べ、ドイツ、イタリア、日本を厳しく批判した（隔離演説）。孤立主義的だったアメリカ世論は、この演説に対してむしろ批判的であり、アメリカ全体がただちに日本批判に向けて動き出したわけではなかった。それでもこうした動きは日系人にとっては衝撃だった。

こうした状況の中、清沢はアメリカ西海岸で講演会を二度開いている。十月十八日の講演会を主催した『日米新聞』は、その演題を「支那事変と東亜の大経綸」とし、清沢のペン倶楽部行きについても、「今回の支那事変の原因、経過、並びに日本帝国の正しき立場を各国代表に認識徹底せしめる為め民間使節として敏腕を揮ふべく大会後は独伊米に於いて事変認識徹底の『熱弁行脚』を行ふ事となっている」と紹介していた。邦人社会の関心が反映されていたのである。

では講演で清沢は何を述べたのであろう。その要旨は、(1)日本人は一致して事変を支持している、(2)日本軍は強力で次々と戦果をあげている、(3)対米、対ソ関係に不安はない、(4)経済力の面でも戦争遂行に不安はない、というものであった。中国蔑視が見られず、むしろその力を評価している点を除けば、これは明らかに戦争を正当化する講演で、清沢らしくないものであった。ホノルルのインタビューに比べても、清沢の議論は戦争支持の方向に変化していた。隔離演説に対して、清沢自身、やや感情的になっていたし、祖国の正しさを聴くためにはるばる講演会にやってきた在米邦人を前に、その期待に背くことはできなかった。

清沢自身、自らの変化をどう感じていたのだろうか。十月十七日、清沢はワシントンで河上清と会っている。河上はかつて『万朝報』の記者として活動し、片山潜や安部磯雄とともに行動した明治の社会主義者の一人で、一九一〇年に渡米したのちは、アメリカで国際問題評論家として活躍してきた。河上は言う。「日本人はほんとにリベラリズムに徹底することが出来るだらうか」「正を正とし、謬りを謬りと主張することがほんとに国家のためなんだ。ところが僕等は何か事件が起ると、一から十まで全部日本のために弁護してしまうんだ。誰に頼まれなくつても、感情が自然にそうさせるんだ。実に不思議だね」。河上の苦い告白は、清沢の実感でもあった（「国際ペン倶楽部苦戦記」、『中央公論』一九三八年一月号）。

十月末イギリスに着いてみると対日感情の悪さは想像以上であった。それも無理はなかった。日中戦争は八月中旬より上海にまで拡大し、イギリスの権益にも多大の打撃を与えていた。また下旬には駐華イギリス大使を日本の飛行機が掃射するという事件が起こっていた。しかも中国軍の抵抗は頑強で、日本は上海戦線で苦戦を続けていた。無法な日本の侵略に対する中国の英雄的な抵抗という図式が定着していたのである。

こうした中で国際ペン・クラブ理事会が開かれてみると、日中戦争が話題になるどころではなかった。中国において日本軍が学校・病院等の文化施設を破壊していることを非難し、その停止を求める決議案が出されていた。これに対し、清沢は手段を尽くして反対した。清沢はまず議事手続を問題にし、日本軍による破壊行為の情報ははなはだ誇張されていると述べ、次いで日中戦争が起こった経緯について説明して、日本だけに責任があるのではないと主張した。さらに、文化施設の破壊は中国軍がこれを利用するから止むなく行なっているものであると述べ、同様の事態が生じているスペイン内乱についても同じ決議案が必要だと主張した。このように政治的な決議案が通過するようでは、日本ペンは国際ペンに留まれないかもしれないと、脱退を示唆して恫喝を加えることもした。

やや言い過ぎてしまったと感じた清沢は、決議案採択の延期を求め、各国代表の説得にあたった。しかし、さしたる効果はなかった。会議の合間には晩餐会があり、そこに中国代表が出席すると、割れんばかりの拍手が長く続いた。「糞野郎共！」と清沢はつぶやく。そして隣のイギリス人に言う。「英国人は義侠があるのを見て感心しましたよ。理が非でも弱いものに同情するんですから。たゞ敗馬に賭けるだけはよした方がいゝですね」。晩餐会が終わると連れと一緒にバーに行く。誰かれとなく「打ち当たりたいやうな気」持ちである。「べら棒め、日本がどこが悪いんだい。日本の悪いとこが少しでもあるかい」といって二人は気炎を上げた。

十一月三日の会議に提出された決議案は、日本に対する非難を避け、文化施設を破壊しないよう、あらゆる適当な努力をするよう要請するという穏やかな内容のものとなっていた。清沢の反対を考慮したからだった。それでも清沢は、この決議は政治的な意味を持つとして反対した。議長や幹事は、なんとかコンセンサスで決定したい。清沢に修正案を作るよう依頼するが、うまいものは作れない。とうとう決議案への賛否を問うことになる。議長はせめて棄権せよという。それは善意から出た助言であった。最初は言葉にも角があったが、今は会議の成功を願い、日本の立場をある程度理解し、清沢の苦衷を察した上での好意的な助言であることはよくわかった。

しばらく沈黙が流れた。清沢は書いている。「僕はこの時ほど種々のことが、短い分秒に頭の中を駆けめぐった経験はない。小さい会ではあるが、僕は個人の僕を代表してゐるのではない。僕は今、日本国民の感情を代表してゐるのだ。（中略）主義として勿論異存あるわけはない。しかしこの決議文の背後には誇張され、虚偽され、日本国民として忍ぶ能はざる不快なる宣伝がある。これが棄権程度ですまされるわけはない」。こうして清沢は意を決して、「反対します」と答えた。いっせいに「オー」という失望の声があがった。

これらの主張は清沢の従来の主張と全くかけはなれたものであった。日頃は批判してやまなかった日本の外交政策を、清沢はむきになって弁護していた。主張だけでなく彼の行動も、日頃批判していた外務省のそれに似ていた。大局的見地に立たず、細部や面目に拘泥し、自己の立場に固執して全体的な問題の解決を妨げていた点で、清沢の行動は、国際会議における外務省の行動様式によく似ていた。自らの矛盾を清沢はもちろん知っていた。しかし、「孤立無援の祖国に対してもう一つ石を投げることがどうして出来ようか」という感情が、結局彼を動かした。かつて松岡洋右の国際連盟脱退時の行動を厳しく批判したことを、清沢は思い出し、自らの言動の矛盾を、悲しくまた滑稽に感じざるを得なかった。三日の日記に、「小松岡のロールを演じて自ら苦笑す」とあるのは、そのような苦い思いを自嘲的に記したものであった。

次いで清沢はブリュッセルに行き、開会中であった九カ国条約会議を取材した。九カ国条約は、ワシントン会議（一九二一～二二年）で成立したもので、中国の独立・統一の尊重や、中国における門戸開放を約したものであった。満洲事変以来の事態、とくに日中戦争は何よりもこの九ヵ国条約に違反していた。この会議のきっかけとなったのは、ローズヴェルト大統領が行なった隔離演説であった。ここにイギリスは、アメリカに対し、九ヵ国条約関係国による会議の開催を提唱し、ブリュッセル会議が実現したのであった。日本は参加を拒絶したため、会議の焦点は、対日制裁が決議されるかどうかにあった。

結局この会議は、緩やかな日本批判を決議しただけで、制裁については何も決定しなかった。九ヵ国条約調印国の一つであり、この会議に大きな期待をかけていた中国の失望は大きかった。しかし、この会議が全く無意義であったとは言えない。利害関係国を網羅した会議を開催することは、国際連盟という普遍主義的秩序が崩壊しつつあった当時、国際平和維持のための新しい有力な方法であった。アメリカがアジアの問題でヨーロッパ諸国と行動を共にする姿勢をともかく示したこと、そしてソ連が参加しようとしたことも、無視しえない重要な事実であった。

ところが清沢の報道は、会議の失敗を強調することに終始していた。十一月六日に日独防共協定に参加したばかりのイタリアが、日本の立場を代弁して活躍しているとか、英米も逃げ腰であるとか、北欧三国も日本非難決議には棄権にまわったとか、およそネガティヴな面ばかり清沢は報道していた（『報知新聞』一九三七年十一月十日他）。それどころか意図的に日本で歓迎されそうな情報を流したことさえあった。十一月十三日の日記には、「日本へ『日本の回答は評判よし』と打電したのが気になる。実は空気は非常に悪いのだ。日本におもねる気持が起るのは何といふだらしなさだ」という記述がある。要するに清沢は、いつもの分析の冴えを欠いていただけではなく、日本の世論に迎合する報道すらしたことがあったのである。これでは、彼が従来批判し続けてきたジャーナリズムの態度と何ら変わるところはなかった。

ブリュッセル会議の後、清沢はドイツに入った。当時はナチスの絶頂期であって、これまでナチスに対する手厳しい批判者であった清沢も、その実績に強い印象を受けた。青年、女性、労働者など従来抑圧されていた人々が優遇され、失業問題が解決され、オリンピック施設やアウトバーンなどの巨大な建設が進められていることは、とくに印象的であった。ユダヤ人問題こそ黙認はできなかったものの、消費物資の不足などは、革命の実行に伴う一時的混乱かも知れないと清沢は考えた。日本で近衛が何もしていないことに比べ、ヒトラーの実行力は羨ましいように感じられた（「ヒットラーは何故に人気があるか」、『中央公論』一九三八年十二月号）。「僕は感心性を有するかも知れぬ。しかしナチスのやつてゐることはこれを認めざるをえぬ。我等はあまりに理論にとらへられはせぬか。実行的にはかれ等の仕事は驚くべきものだ」（十二月一日）、「ドイツにゐると、このナチスの英米における不人気などが見えず。やはり地は気を移すか。しかし英米のナチス排除は観念的である」（十二月八日）と清沢はその日記に書いた。

ドイツを出た清沢は中・東欧を経てイタリアに入った。ここで清沢の注目を引いたのは、地中海およびアフリカをめぐるイギリスとイタリアとの対立であった。その対立が激しければ激しいほど、イギリスはアジアに割く余力がなくなる、他方で日本がアジアでイギリスを圧迫すればイタリアは地中海で有利となる、このように日本とイタリアの提携は相互に利益があると清沢は考えた（「日記」十二月三十日、および『報知新聞』一月四日）。がんらい日英提携論者であった清沢が、その主張を放棄したわけではない。しかし、日英提携を実現するため、当面イタリアとの提携を利用してイギリスに圧力をかけることがその早道かも知れないと考えたのであった。それにしても清沢は、かつて批判していた危険な勢力均衡政策に立っていたのである。

昭和十三年一月に清沢はパリに着いた。その文明はやはり限りなく魅力的であった。しかしその政治は、人民戦線が崩壊期にさしかかり、混迷を続けていた。ドイツが隣人としてあるとき、このままでやっていくことが出来るだろうか、「仏国は右翼的転回をするの外なし」と清沢は一月十七日の日記に書いている。たとえ自由な文明を守るためとは言え、自由主義者であることを自負する清沢にとって、苦しい判断であった。

二月になると清沢は再びロンドンに戻った。そこでは吉田茂が、イギリスを仲介として日中戦争を解決することを考え、イギリス政府に工作を開始していた。その頃、前年十二月の南京陥落を経て戦局は一段落を告げており、イギリスの日本に対する非難はかえって若干弱まっていた。対日強硬派であったイーデン外相は、チェンバレン首相と対立してその勢力を弱め、辞職を噂されていた（二月二十日辞職）。日本でも、トラウトマン工作が失敗したあと、新たな道を模索しなければならず、日英協調に向かうチャンスが生まれつつあるように思われたのである。吉田と意気投合した清沢は、吉田と大使館の協力を得て、イギリスの対日世論を好転させるため、新聞や雑誌に投書して日本の立場を説明する活動を開始した（「日記」二月十四日）。これらの投書で、清沢は日本の国土の狭さ、人口の多さ、資源の貧弱さを強調し、他方で外国は日本の移民と貿易を排斥していると述べ、ある程度の対外発展は不可避であると説くのが普通であった。これは、いわゆる持たざる国の理論であって、清沢が従来排斥していたものであることは、すでに述べた通りである。イギリスに接近してこれに日中戦争解決の仲介をさせることは、当時にあって極めて有力な案であった。その目的に奉仕するためではあったが、清沢は日頃の自説を曲げることを辞さなかったのである。ロンドンを発った清沢は五月プラハにおける国際学術会議に出席し、その足で帰国するが、この会議で彼が用いたのも、この持たざる国の理論であった。

以上のように、この旅行における清沢は日頃の清沢とは全く異なっていた。日本の中国政

国際学術会議にて（手前の列、右から２人目が清沢）

策を強引に弁護し、そのために議事妨害に近いことまでやり、ヒトラーの実績に好感を持ち、イタリアとの提携を考え、フランスの右翼化も止むを得ないと考え、また自己の言論を現実政治に奉仕させるに至った。

ロンドン滞在中の三月十九日、ポーランドに最後通牒を突きつけられていたリトアニアが屈伏したことについて、清沢は次のように日記に記している。「リスアニア、ポーランドの圧迫に屈す。予は外国にをつて、常に日本の立場を正当化せんとしてゐるせゐか、(国際間の) 暴力的行為に対しても、少しもインヂグネーションを感じないのみならず、これを非難するものに対して、何となくピッチーを感ず。これはリベラルでなくなつた証拠だ。ああ」。たしかに、一言で言えば清沢はリベラルでなくなりかけていた。その不安を抱いて、七月清沢は日本に戻った。

この旅行における清沢の経験は、当時の日本で自由主義に徹することがいかに困難であったかを示している。戦前期を代表する自由主義者であった清沢でさえ、外国で日本が批判された場合、日頃の言動からは考えられない逸脱を見せたのである。

しかし清沢は帰国後、従来の立場に踏み止まった。その理由の一つは、旅行中における清沢の強引な議論に対し、欧米の知識人が示した反応であったように思われる。ペン・クラブでも国際学術会議でも、彼らはそれぞれの国家の立場にとらわれることなく素直に清沢の言葉に耳を傾けた。新聞も清沢の投書を好意的に掲載し、また投書で批判された者も、しばしば率直に誤りを認めて、清沢の批判を受け入れた。このような知的寛容、知的廉直に清沢は大きな感銘を受けた（たとえば「日記」四月十四日）。議論のレヴェルでこそ清沢はしばしば彼らをやりこめたが、議論に臨む態度では明らかに負けていた。清沢がこれまで主張してきた心構えとしての自由主義を、自然な振舞の中で示したのは彼らであって清沢ではなかった。彼らの態度に比べ、清沢は自分が卑小な存在に見えて仕方がなかった。

もし欧米の知識人たちが清沢のナショナリスティックな言論に、やはりナショナリスティックな言論で応じたとすれば、清沢は本当に変わってしまったかもしれない。しかし、彼らのリベラルな反応にあって、清沢は自らの卑小さを恥じ、自己のよるべき自由主義の立場にいま一度たちかえった。日中戦争初期の欧米旅行は、こうして、清沢にとって厳しい試練の場となったが、これをくぐりぬけることにより、彼の自由主義は一段と強靭なものとなったのである。十三年夏帰国して以来、言論弾圧によって評論活動が不可能になるまでの約二年間における清沢の外交評論は、ヨーロッパ問題をカヴァーする視野を広げたこととあいまって、彼の活動のピークをなすことになる。

2　東亜新秩序とアメリカ

清沢が帰国した時、外務大臣は宇垣一成であった（昭和十三年五月就任）。日中戦争の行き詰まりを打開するため、近衛の強い希望でとくに起用されたものであった。清沢は、「日本は久し振りに外交を持つた。外交には素人である宇垣外相によつてである」と述べて、宇垣外交を高く評価した。それは宇垣がアジア主義等の抽象的なイデオロギーにとらわれることなく、もちろん有害無益な声明を発することもなく、山積する問題を一つ一つ事務的に解決していく方針を取ったからであった。クレーギー大使と会談して対英関係を改善しようとしたこと、また、張鼓峰事件（七〜八月）を迅速に処理して日ソ関係の悪化を防いだことは、その例であった（「宇垣外交論」、『改造』一九三八年九月号）。とくに対英交渉は重要であった。

イギリスの仲介による日中戦争解決の可能性が展望されていたからである。宇垣はしかし成果を挙げる前に、九月辞職してしまった。清沢は、「それは日本の内部情勢がなほ宇垣の包持する政策を実行するに適さないのを語るものであつた」と述べて、その辞職を惜しんでいる（『外交史』五四一頁）。

ところで、宇垣が辞職してまもない十月六日、アメリカは、日本が中国において門戸開放・機会均等の原則を侵犯し、アメリカ市民に不当な差別を加えているとして、強い抗議を提出した。日中戦争勃発以来、日米関係はもちろん緊張をはらんでいた。前年十月には前述の隔離演説があり、また十二月には米艦パネー号を日本軍が撃沈するという事件が起こっていた。しかしアメリカでは依然として孤立主義の世論が強く、隔離演説もアメリカを戦争に巻き込むものだとして、むしろ不評であった。パネー号事件も日本側のすみやかな陳謝によって迅速に解決された。全体として見れば、アメリカの対日態度は冷静であった。それゆえ、この十三年十月の抗議は、極めて重要なものであった。

この抗議に対して、日本政府はしばらく回答しなかった。その間に、武漢三鎮と広東が攻略され、国民政府は重慶に後退した。それは一見華々しい成果ではあったが、同時に、戦争の早期解決が不可能になったことを意味していた。日満支三国提携して東亜新秩序の建設を目指すという第二次近衛声明は、この事態を踏まえて十一月三日に出されたものであった。

そして同月十八日には、有田外相はアメリカの抗議に回答を送り、個々の問題点に反論したのち、「事変前の事態に適用ありたる観念乃至原則」を、そのまま現在および将来の事態に適用することは不適当であると述べた。

清沢は、この十二月中旬に執筆された「新外交体制の完成」という論文において、有田の対米回答に示された新政策は、日中戦争勃発、いや満洲事変勃発以来の画期的な意義を持つものであると述べ、国際連盟脱退などとは比較にならぬほど大きな影響をもたらすものであると指摘した（『改造』一九三九年一月号）。もちろん、東亜新秩序に示されたようなアジア主義の主張は、天羽声明などでも見られたところであった。しかし、ともかく宇垣外相時代までは、日本は門戸開放原則の尊重を約していた。したがってこの対米回答は、これまでの方針から訣別して東亜新秩序という全く新たな方針を打ち出したものであり、その結果は極めて重大であると清沢は判断したのであった。

東亜新秩序に対する清沢の批判は、主として次の二点であった。第一にそれは何を意味するか——おそらくは当局者にとってすら——不明確なほど抽象的なものであった。ただ一つ明らかなのは、日本がアメリカと根本原則で相容れないと考えているということだけであった。清沢は、「近頃の国内における悪趣味である抽象的文字の中毒にかゝつて、外交にまでどうにでも解しうる小児病的な抽象性を使用することには賛意を表しえない」と強い調子で批判し、また、「日本が正面から旧条約を否認してかゝれば、先方としても主義としてこれを承認しえないことは余りに明らかではないか」と述べて、具体性を欠く原則で争うことでは、何も得ることが出来ず、対立を激化させるばかりだと批判したのである（「米国対日政策の新局面」、『国際知識及評論』一九三九年三月号）。

第二に、清沢はこのような外交はとくにアメリカに対して不適当だと考えた。清沢はアメリカ外交の最大の特徴は、完全な「外交権」を持った主体が存在しないことであると考えていた。大統領は上院の強い制約を受けるし、上院の権限もまた完全ではない、強いて言えば「米国外交の中枢は実体のない『世論』である」というのが、清沢の理解であった（「英米の対日圧迫の程度と限度」、『中央公論』一九三九年二月号）。対米外交における世論重視の必要性は、ロンドン海軍軍縮会議や満洲事変、上海事変に関係して、清沢がすでに説いていたところであった。ところがこの世論なるものは、単純明快な原則を理解することは出来るが、具体的な細目までは容易に理解しえない、しかも皮肉なことにアメリカは中国において顕著な権益を持っていないので、具体的な問題で日本がアメリカ世論の目にとまるほど顕著な譲歩をすることは不可能であった。政治的経験に富む宇垣が原則にはふれないで事実問題で折り合おうとしたのと対照的に、近衛と有田が原則――それも内容空虚な――で対決し、しかるのちに細部で譲歩を考えることは、イギリス相手ならともかく、アメリカ相手ではとくに拙劣なやり方であると清沢は嘆いた（「日米通商条約失効の影響」、『改造』一九四〇年時局増刊号〔二月〕）。

はたしてアメリカは、十一月の有田外相の回答に対して慎重に検討を加えた結果、十二月三十日、主権に属さない地域における「新秩序」の形成を指示する権利はいかなる国にもないとして、従来にない激しい言葉を用いて抗議を寄せた。しかもこれに先立って、同月、アメリカは中国に二五〇〇万ドルの商業信用を供与することを発表した。これは事実上の借款の供与であって、一九三七年の中立法との関係で問題のある行為であった。つまり、東亜新秩序声明によって主義上の正面衝突が明らかとなった段階で、アメリカは中国援助の方針に踏み切ったのであった。しかもその翌月、昭和十四年一月には、イギリスもアメリカにならって、輸出信用の拡大によって中国に対する事実上の借款供与に踏み切った。前年中は日本に対して宥和的であったイギリスが、こうしてアメリカと提携して中国援助に乗り出した点でも、アメリカの十三年末の新政策は重要であった。十一月の有田外相によって明らかにされた日本の政策が、満洲事変勃発以来の重要なものであるとした清沢の危惧は、見事に的中してしまったのである。

なお、日中戦争に対するアメリカの介入の可能性は、戦争勃発以来しばしば議論されていた。この問題における清沢の判断の特徴は、戦争か中立かという二分法でとらえずに、その中間にいくつもの段階がありうると考えていたことであった。それは、第一次大戦時のアメリカの態度についての研究を背景としていた(『第一次欧州大戦の研究』第三編第三章)。第一次大戦当時のアメリカは、強い親英感情を背景に、正式に参戦する前から様々な形で英仏に実質的な支持を与えていた。それは、古典的な中立の概念を越えるものであった。それゆえ清沢はアメリカ世論の動向に注意を払い、すでに日中戦争初期の段階で、中国支持が日本支持を圧倒していたこと(一九三七年十月のある調査で五九対一)、しかし門戸開放のために武力支持を辞さぬとする者は少数であったこと(別の調査で二割程度)に注目していた。ここから清沢は、アメリカは心理的には当初から中立ではないと見ており、介入するかどうかではなく、介入の程度と範囲が問題だと考えていた。清沢がアメリカの十三年十二月の新政策を極めて重視し、これ以後アメリカは、圧倒的な世論の支持を背景に、武力行使以外のあらゆる手段で中国援助に出る可能性があると考えたのはそのためであった(前掲「英米の対日圧迫の程度と限度㈠」)。

昭和十四年一月になると、近衛内閣は辞職し、平沼騏一郎が内閣を組織した。近衛の辞職について、清沢はある座談会で次のような皮肉を言っている。内閣が辞職する理由には四つしかない、病気、政策の行き詰まり、閣内不一致、そして気紛れである。しかるに近衛は次の内閣に入閣したから病気ではないし、政策の行き詰まりや閣内不一致もないという、したがって気紛れとしか言いようがない（『東洋経済新報』一九三九年一月十四日）。その言葉には、近衛の度重なる失政への憤慨がにじみでていた。

近衛の後を継いだ平沼内閣も、さすがにアメリカとの関係を憂慮し、関係改善のためのいくつかの手段を講じた。アメリカからも若干の反応はあった。しかし平沼内閣のイギリスに対する姿勢はむしろ強硬であった。清沢はその文筆活動の初期から英米不可分論者であった。東亜新秩序政策の表明以来、英米の関係は一層密接となったと見ていた。それゆえ平沼が英米可分論的発想をすることを、はなはだ危ぶんでいた（「事後処理と国際情勢」、『外交時報』一九三九年四月十五日号）。したがって七月にアメリカが日米通商航海条約の廃棄を通告して来た時、清沢は多くの論者が大きな衝撃を受けたのと異なり、比較的冷静にこれを受け止めた。アメリカの不当をなじる者に対しては、日本が九カ国条約その他の条約を一方的に無効としたことがあることに言及し、条約に定められて手続に則ったアメリカの通告を批判しうる立場にないことを指摘している。

この通告は半年後に効力を発生することとなっていた。その前に何とか事態を改善しようとして、様々な努力が試みられた。その一つとして、それまで戦争を理由に閉鎖されてきた揚子江を開放する措置がとられた（昭和十四年十二月）。それは若干日米関係を緩和する効果があった。しかし清沢はこれを過大評価してはならないと戒めた。米中貿易は小規模なものに過ぎず、揚子江の直航汽船もほとんどないため、国務省はともかく一般世論が揚子江開放を大きな譲歩と受け止めるはずがないと考えたからであった。世論と、これを反映する上院の態度からして、主義・原則による歩み寄りなしに日米関係を打開することは難しいというのが、彼の予測であった。はたして、通商条約は予定通り失効してしまった（前掲「日米通商条約失効の影響」）。

3 ヨーロッパの戦争と三国同盟

しかし、清沢は日米戦争はまだ不可避ではないと考えていた。アメリカの世論は基本的にヨーロッパの方向を向いており、中国の問題だけで戦争に踏み切ることはないと考えたからであった。その意味で重要なのは、ヨーロッパ問題に巻き込まれぬようにすることであった。ところが、満洲事変後に国際的孤立から脱却しようとして対独提携論が擡頭したのと同様に、日中戦争が行き詰まると、防共協定強化論が擡頭し始めていた。昭和十三年初めドイツから打診があり、八月に提案が具体化されると、政府内部では、英仏を対象とすべきか否かをめぐって激しい対立が繰り返されるようになった。清沢はすでに述べた理由からこれに反対であった。とくに十三年末以来日米関係が緊張し、またアメリカの対独世論が強硬となっていた状況では、これはぜひとも避けねばならない選択であった（「日独伊に対する米国の陣立」、『日本評論』一九三九年三月号）。それゆえ、十四年八月、独ソ不可侵条約の締結によって三国同盟問題がいったん消滅した時、清沢は、春以来ヨーロッパで独ソ提携の動きが噂されていたにもかかわらずこれを一顧だにしなかった当局を批判するとともに、同盟問題の消滅を歓迎し、無同盟主義、是々非々主義を外交の原則とせよと主張した（「外交転換に当たって」、『東洋経済新報』一九三九年九月二日号）。

八月三十日、平沼内閣に代わって阿部信行内閣が成立し、九月一日、第二次世界大戦が勃発すると、清沢はその動向を紹介することに力を入れ、とくにアメリカの同情が英仏にあって、とくにイギリスが危うくなった場合にはアメリカは必ず参戦するであろうと論じた（「米国の対戦動向の検討」、『日本評論』一九三九年十月号）。その意図が大戦不介入を説くことにあったのは、言うまでもないであろう。それと同時に、大戦の勃発が日中戦争の解決に有利に作用するという一般の予測に対し、楽観を戒めた。イギリスなどの中国に対する援助は従来過大評価されていると考えていたためであった（「座談会・新政権成立後の重要問題」、『東洋経済新報』一九四〇年四月十三日）。「野村外相論」という論文（『改造』一九三九年十一月号）において清沢は、「国際関係の整調は、日本の対支政策の確立以外にはない。外国の権益は認めるのか認めないのか。東亜の新秩序といふのは日本だけでやるのか、それとも列強の存在をも許すのか。九ヶ国条約はこれを原則的に承認するのか、乃至はこれを無視するのか。英国とは天が下、絶対に共立しないのか。凡そかうした原則論の見透しだけでも立たなければ、どの国とも国際関係の調整などが出来るものではない」と述べ、中国政策の根本的な転換なしには国際関係を好転させることは不可能であると断言したのである。

しかし、それははなはだ困難であった。当時日本は汪兆銘政府の樹立工作を進めていた。しかし汪に対する要求は次々に拡大され、汪政権は傀儡《かいらい》政権たらざるを得なくなっていた。汪政権は三月十二日上海で成立し、三十日に南京に遷都したが、その前の一月には汪の腹心の高宗武らは離脱してしまう有様であった。

この間、一月には阿部内閣が辞職して米内光政内閣が成立していた。二月七日と八日、大阪・神戸・京都の経済俱楽部で行なった「米内内閣と国際関係」という講演（『経済俱楽部講演』一九四〇年三月二十日）において清沢は、「日支事変解決の唯一の要点は、日本が寛大になることである」として、日本は勝ち、中国は負けた、したがって日本は勝者の寛大さを示すべきである、そうすれば全てが解決すると述べている。しかし、伝えられる汪政権との和平条件を見ると、日本の態度は勝者の寛大からは程遠い、このような世論と政治を前提にする限り、自分は非常に悲観的な考えを持たざるを得ない、このように清沢は述べていた。『東洋経済新報』の読者からなる内輪の集まりということもあって、清沢はふだん以上に率直にその悲観を語っていた。

しかもまもなく、三国同盟問題が再燃することとなった。昭和十五（一九四〇）年五月、ドイツが西部での作戦を開始し、六月フランスを屈伏させたからである。独伊との提携は、日米通商条約の失効によって資源問題に強い不安を感じていた日本にとって、仏印および蘭印への進出を可能ならしめる新しい魅力を持っており、二重の意味でアメリカに対する立場を強化するものと論じられた。このような主張を背景に、独伊との提携に消極的であった米内内閣は倒れ、近衛が第二次内閣を組織することとなった。そして松岡洋右外相のもとで交渉を進め、九月二十七日三国同盟を成立させたのである。またこれとほぼ同時に、近衛内閣は北部仏印進駐を断行したのである。

清沢は三国同盟について「三選ローズヴェルトの肚」（『改造』一九四〇年十二月号）で次のように論じている。世論の国アメリカに対して威嚇を加えることの危険――彼が『米国の研究』以来繰り返し論じてきた主張である――は三国同盟成立の四〇日後に行なわれた大統領選挙でローズヴェルトが圧勝したことによって実証された。しかも三国同盟はアメリカの政策の一元化をもたらした。すなわち、これまでアメリカはヨーロッパと南北アメリカとアジアとに対して異なった外交原則で臨んでいたため、この矛盾をつく外交がある程度可能であった。たとえば、アメリカの関心がヨーロッパにあることを利用し、中国問題を解決して太平洋の緊張を緩和し、アメリカの攻勢をドイツに向けさせることが、少なくとも論理的には可能であった。しかし、その可能性は失われてしまった。このような理解から、清沢は、三国同盟の意義は次のようなものであると断じている。

日独伊同盟は極東と欧洲を一つにした最も劃期的な国際事件であった。従来、必らずしも一つのものではなかった日支事変と、欧洲戦争は、これによって一貫不離のものとなった。満洲事変によって国際聯盟と断って、東亜建設に邁進して来た日本は、不思議にも東亜建設の必要から、再び違った内容と形式ではあるが、欧洲と緊密な——以前よりも遥かに強固なる聯関を持つことになった。

ところで、三国同盟がこのようにグローバルな対米牽制策としての意味を持っていた以上、次に対ソ接近がはかられ、さらにその上で一層積極的な南進が行なわれることを、清沢は比較的早くから予測し、危惧していた。昭和十五年四月九日、ドイツがデンマークとノールウェイに侵入すると、オランダへの侵入が次に予想されるようになった。この問題に関して有田外相は十五日、日本は蘭印の現状に変更を来す如き事態の発生に深甚なる関心を持つと述べたことがあった。ただちに清沢は、「有田声明の是非」(『東洋経済新報』一九四〇年四月二十七日号）において、政府が再び東亜の概念を不用意に拡張したことを批判すると同時に、日本の北進をかわす目的で、ソ連は好意的反応を示すであろうと予測した。清沢は満洲事変以来日ソ不可侵条約締結を主張していたのであるが、この段階では、南進を促進する効果を持つ点で、対ソ提携には大きな不安を持たずにはいられなかったのである。

清沢の危惧はそれから一年の後、昭和十六年四月の日ソ中立条約によって現実のものとなった。さらに七月には南部仏印進駐が断行された。対米牽制政策としての三国同盟政策はここに完成した。それは、清沢の立場からすれば、最も危険な対米威嚇路線の完成であった。かつて清沢は中国問題だけならば、対米戦争は回避可能だと考えた。しかし、三国同盟と南進政策によって、日本は二つの点で中国の外に出てしまったのである。実際、南部仏印進駐に対してアメリカは日本資産の凍結と石油輸出の禁止という戦争一歩手前の政策に踏み切った。そして開戦直前に至る日米交渉において、アメリカは三国同盟を——中国からの撤兵とともに——最重要視した。このようにして、清沢が満洲事変以来批判し続けてきたアジア主義外交と勢力均衡外交の二つが、三国同盟政策において最もグロテスクな形で結び付き、日本の破局を決定的なものとしてしまったのであった。

ところで、三国同盟および日ソ中立条約締結の立役者は松岡洋右であった。国際連盟脱退問題に続き、都合三度の決定的局面において、清沢と松岡は真向から対立し合ったのである。

ところが松岡は、清沢とよく似た経歴の持主であった。明治十三(一八八〇)年、清沢より一〇年若く生まれた松岡は、明治二十六年、十二歳で渡米し、苦学してオレゴン大学を卒業し、三十五年帰国したのち、三十七年に外務省に入った。日本の外交官のうち、松岡ほど清沢に似た経歴の持主はいない。アメリカ体験の深さでは、旅行者のように過ごした自分よりも、アメリカン・ボーイとして育った松岡の方が上であると清沢は考えていた(『北米時事』一九三五年八月三十日)。それが一体なぜ、かくも違った政策の持主となったのであろうか。

一つはアメリカ以外における経歴であろう。長州の政商の家に生まれ、外交官となった松岡の経歴は、国家の運命とあまりにも密接に結び付いていた。これに対し清沢は、終生ほとんど政府と関係しなかった。とくに松岡は満洲問題と極めて密接な関係を持っていた。外交官時代にも満洲に駐在したほか、満鉄の理事(一九二一~二六年)、副総裁(一九二七~二九年)、総裁(一九三五~三九年)を務めた松岡にとって、満鉄の運命は自己の運命そのものであった。満洲は日本の生命線という有名な言葉は、松岡の発案によるものだと言われている。これに対し清沢が、満洲権益に大きな価値を認めなかったことはすでに何度も述べた通りである。さらに、松岡は衆議院議員(一九三〇~三三年)の経験を持っているが、これは松岡の世論に対する敏感さを養ったと思われる。連盟脱退当時の清沢の松岡批判のポイントが、世論に対する追随に向けられていたことはすでに述べた通りである。

アメリカにいた時期の違いも無視できない。松岡のアメリカ滞在は、アメリカが新興の帝国主義国として擡頭しつつある時期であって、日本との関係も親密であった。いわばシオドア・ローズヴェルトのアメリカが松岡の知るアメリカであった。その頃のアメリカでは力は正義であった。しかし、清沢のアメリカは、ウッドロウ・ウィルソンのアメリカであって、たんなる強国としてではなく、特有の道義的理念をもって世界に号令しようとするアメリカであった。同時に、日本との間には困難な関係をかかえたアメリカであった。松岡の主張した勢力均衡外交は、シオドア・ローズヴェルトのアメリカに対してならば通用したのかも知れない。しかしウィルソン以後のアメリカに対してはそうではなかった。より古いアメリカ通で、大正期の親米団体にしばしば最高の地位を占めた金子堅太郎も、ハーヴァードで同窓生であったシオドア・ローズヴェルトに深い影響を受けており、とくに彼から示唆されたというアジア・モンロー主義の発想が、終生金子の日米関係分析の枠組となった。ともかく、若い頃に深くアメリカを知ったということは、決して十分な条件ではなかったのである。

4　外交史の研究

昭和十六年二月、内閣情報局は総合雑誌編集者に対し、意見の発表を禁止すべき人物のリストを渡している。矢内原忠雄・馬場恒吾・田中耕太郎・横田喜三郎・水野広徳らとともに、清沢の名前もその中に含まれていた（畑中繁雄『覚書昭和出版弾圧小史』五六頁）。単なる事実の紹介は別として、総合雑誌を舞台とした清沢の評論は、以後不可能となった。しかし、実際は三国同盟締結の直後から、清沢の評論活動は極めて困難となっていた。それまでにも、もちろん様々な圧力があった。しかし清沢は、日本と関係の薄い地域の国際関係を論ずるという形で、辛うじて日本外交に対する批判と提言を続けることができた。ところが三国同盟によって日本の政策が世界に及んだため、こうした方法も極めて難しくなったのである。したがって彼の本格的な評論は、前掲の「三選ローズヴェルトの肚」をもって事実上終わりを告げていた。三国同盟は、このように、日本の運命だけでなく清沢の個人的な運命にも大きな影響を及ぼしたのであった。

清沢が日本外交史の研究に本格的に没頭するようになったのは、ちょうどこの頃であった。昭和十五年六月、清沢は国民学術協会から三〇〇〇円（今日の六〇〇万～七〇〇万円）の補助を得て、日本外交年表（重要文書を含む）の作成に着手した（『日本読書新聞』一九四〇年六月十五日）。これと並行して着手され、昭和十六年六月に東洋経済新報社の現代日本文明史の一冊として刊行されたのが、『外交史』であった。さらに翌十七年五月には『外政家としての大久保利通』が、また九月には『外交史』の増補改訂版である『日本外交史』二巻が、それぞれ出版された。なお、日本以外の外交史研究には、十五年四月に出版された『第二次欧洲大戦の研究』がある。これは十四年秋、慶応義塾大学の寄付講座において行なった講義をもとにしたもので、外国事情の紹介による日本外交批判と、本格的な外交史研究の中間にあった著作である。

さて清沢が日本外交史研究に没頭するようになったのは、一つには言うまでもなく彼の自由主義的評論を発表する場がいよいよ限られてきたからであった。文筆家として彼はともかく書かねばならなかった。しかし、それは決して単なる逃避ではなかった。清沢は『外交史』において幕末以来日ソ中立条約締結に至る日本外交を論じ、また『日本外交史』においてはその視野をさらに日米開戦にまで広げた。それは、すなわち当時の日本外交が陥っていた苦境の原因を尋ねることであった。当時の外交を、より広い歴史的パースペクティヴの中で、また、より学問的に堅固な基礎の上で批判することであった。清沢が『外交史』の序文を、「外交史に関する知識が、今日ほど必要とされてゐる時はない。この知識を基礎とせずして造りあげられたる外交政策と、外交輿論は、根のない花である」という一節で始めているところに、その意図は明確に告げられている。

このような同時代批判の意図がさらに明白なのは、太平洋戦争が勃発したのちに書き上げられた『外政家としての大久保利通』であった。それは、近代日本の大陸膨脹政策の源流とも言うべき征韓論（明治六年）と、最初の日中衝突であった台湾出兵（七年）を取り上げ、大久保がいかにして征韓論をくつがえし、また台湾出兵後の北京における困難な交渉をまとめたかを明らかにしたものである。この本の中で清沢は、繰り返し「明治の政治家は決して責任を回避しない」と述べ、そのために大久保が、様々な制度が未整備であった明治初年のこととは言え、通常の手続を踏みにじる強引な行動を辞さなかったことを明らかにしている。征韓論の時は、すでに二度の決定があり、また征韓派の参議が多数を占めていたにもかかわらず、これをくつがえした。北京交渉の時は、政府首脳のほとんどが大久保の出馬に反対したにもかかわらずこれを斥け、文字通り和平の全権を掌握して北京に出向き、周到な準備と強引な議論によって、列国の外交官が予想だにしなかった勝利を勝ち取った。こうした行動は、制度と慣習に縛られて身動きのとれなかった昭和十年代の政治家の行動と、著しい対照をなしていた。

　この本を贈られて強い感銘を受けた人物の一人が吉田茂であった。吉田と清沢は昭和十二～十三年にロンドンで意気投合し、帰国後も親しくしていた。ただちにこの本を読了した吉田は、早速五月二十三日に清沢に礼状を送り、「陳者《のぶれば》近著大久保公伝御恵贈被レ下《くださり》、早速読了、時弊を慨しての貴著と奉二敬読一候。公ニ常に推服致候ハ、困難ニ処して挺身国家の重を以而自ら任せらるる事に有レ之、貴著ニ依り公の心事を以而心とするの外政家の出ん事を

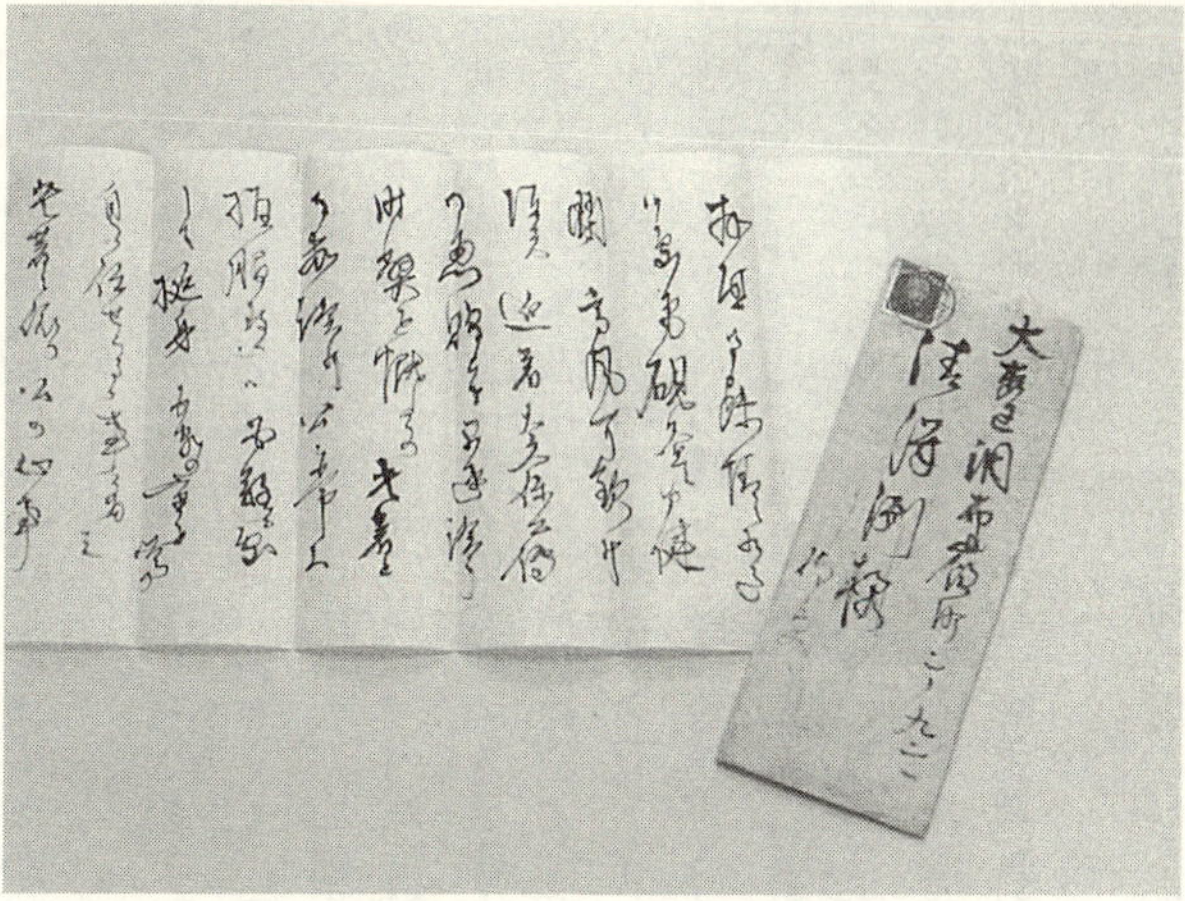

吉田茂の清沢洌宛書簡

暁望するの念ニ不レ堪奉レ存候」と述べた。大久保は吉田にとって岳父牧野伸顕の父、つまり祖父にあたることは言うまでもない。祖父の五十数年前の輝かしい業績を吉田はどのように読んだであろうか。それと対比して昭和の現状をどのように感じたであろうか。ともかく吉田は清沢の書を「時弊を慨しての」著書と評価して、「公の心事を以而心とするの外政家の出ん事」を願った。吉田が数年の後にみずからその任にあたることとなろうとは、もちろん彼自身全く予期せぬことであったに違いない。ただ、もしそうした場面に遭遇したならば、決してその困難を回避せず、自らをなげうつ覚悟と気概を有していたことを、この書簡から読み取ることが出来るであろう。なお、吉田は清沢の終戦直前の死を心から悼み、遺族に対する厚い配慮も欠かすことがなかったという（升川清雄「讃歌」、『国会の友』一九六九年十二月号）。

しかし清沢の外交史研究は、そのような同時代批判としてのみ評価されるべきものでは決してない。学問的価値だけから見ても、『外交史』は名著の名に値する著作であった。親しい友人であった馬場恒吾は、清沢が心血を注いだこの『外交史』は、後世に残る出来映えであると述べ、とくに視野の広さ、内外資料の丹念な調査、そして他民族の立場に対する公平で共感に満ちた自由主義的な観点を賞讃している。またやはり親しい友人であり、外交史研究者でもあった芦田均は、清沢に宛てて昭和十六年七月十七日に礼状を送り、「蓋《けだし》今日迄世に出た日本外交史中に冠絶せる名篇と存じ候処、これを僅少の時間に書き上げた能力と而して酬いらるるものの僅少さとに驚嘆する者に候」と述べて、この著作を賞讃した。今日から見ても、『外交史』と『日本外交史』は終戦までに出た最良の日本外交史であるのみならず、視野の広さ、分析の鋭さ、叙述の見事さなどにおいては――もちろん細部については様々な修正が必要であるが――、今日なお凌駕されていないと言っても過言ではない。『外政家としての大久保利通』にしても、膨大な資料を丹念に処理し、明快な分析を加えた優れた著作である。

『外政家としての大久保利通』と『日本外交史』以後、昭和十七年後半から清沢が最も力を入れたのは、十五年から着手していた外交年表の作成であった。細部の正確さを要求されるこのような仕事は清沢の得意とするところではなかった。外務省の専門家からは、手厳しい批判も寄せられた。それを聞いた清沢は、十八年二月八日の日記に、「これは愉快ではないが、僕にはいい賜物だ。小さい事には、どうも不向きにできているが、しかしまた学者としては正確でなくてはならぬ。努力するつもりだ」と書き、新たな覚悟をもって年表の完成に取り組み始めた。この外交年表は、紙の不足その他の事情のため、結局出版されなかった。しかし戦後外務省によって出版され、日本外交史研究に必携の文献となっている『日本外交年表並主要文書』全二巻（一九五五年）の中に、清沢の努力はなお生きている。主要な外交文書を含む詳細な外交年表は、がんらい清沢が構想したものであったし、実際に清沢の遺稿はこの本の作成に大いに利用されたのである（同書例言）。

また清沢は、三井、三菱から各二五〇〇円、住友から二〇〇〇円など、あわせて一万円の寄付を得て、昭和十九年十二月五日、日本外交史研究所を設立し、外交官の経験談の蒐集その他の事業を開始している。清沢自身は報酬を得なかったけれども、活動資金を得たことは彼にとって有り難いことであった（『暗黒日記』）。

清沢自身の外交史の研究と執筆も、以上の年表の作成や資料の蒐集と並行して続けられた。物価の騰貴により、本の入手は極めて困難となっていた。紙不足のため、出版の見通しもなかった。たとえば昭和十七年十二月に書き上げた日米外交史はついに出版されなかった。かつてのように、飛ぶような勢いで筆を進めることも出来なかった。歴史を書くことは難しい、筆が硬ばって進まないと清沢は感じた（同前、一九四四年十二月三十一日）。それでも清沢は書き、ワシントン会議とそれに先立つ中国問題について原稿をまとめていった。言論弾圧によって生活の糧と批判の場と書く喜びとを奪われた清沢は、外交史研究によって若干の収入と、批判の場を得ることを期待していた。昭和十七年後半からは、それすらも期待できなくなったけれども、研究し執筆する喜びは最後まで残った。こうして日本外交史研究は、清沢にとって最後の心のよりどころとなったのである。

なお、清沢が外交年表に関して援助を受けた国民学術協会は、嶋中雄作が二〇万円を寄付して昭和十四年五月に作られたものであり、学派学閥を超越した新しい日本文化を建設することを目的とし、様々な学術研究に援助を与え、海外に日本の研究を紹介し、また学術講演を主催することとなっていた（掲載紙不明、一九三九年五月九日）。嶋中にこれを決意させるにあたって、清沢の説得が大きな役割を果したと言われている（前掲雨宮）。たしかに清沢は、富豪は学問研究に寄付すべしという持論を持っていた。前にもふれたように、清沢は昭和十四年秋、慶応義塾大学の寄付講座において講義を行ない、これをもとに『第二次欧洲大戦の研究』を著したのであるが、その序文で、講座寄付者の三井高陽に謝意を述べ、「富豪の寄付が、いま少し人文科学と学問の発達の上に重からんことは、著者の以前からの祈願である」と述べている。昭和十九年の日本外交史研究所も、この持論に出たものであった。全くの推測であるが、国民学術協会や、日本外交年表のヒントとなったのは、カーネギー平和財団 Carnegie Endowment for International Peace と、そこから出されたジョン・マクマリの『中国関係条約集』(John V. A. MacMurray, *Treaties and Agreements with and concerning China, 1894-1919*, 2 vols., 1921.) であったかもしれない。これは、中国関係の膨大な条約集で、中国をめぐる外交史の研究に今日でも欠かせぬ文献であり、清沢もしばしば参照したものである（参照、前掲北岡「ワシントン体制と国際『協調』の精神」）。なお、清沢が国民学術協会や日本外交史研究所を作るよう運動し、富豪の寄付を自らの活動に利用することを批判する者もあったが（前掲雨宮）、清沢が私腹を肥やしたわけではなく、問題とするに足りないであろう。むしろ戦時の資金の使い方としては、まことに有意義なものであったと言うべきであろう。

5　戦時下日本の病理──『暗黒日記』

外交史の研究を追って、少し行き過ぎてしまった。もう一度日米戦争勃発の時点まで戻って、戦時下の清沢の思想と行動を見てみよう。

昭和十六年十二月八日、清沢は自由主義者を中心としたある会合で、こういうことになったのも僕たちの努力が足りなかったせいだと言ったという。その場にいた正宗白鳥は、一人で戦争が止められるわけもないのにと、何かしら滑稽なものを感じたという（正宗白鳥「文壇五十年」、『正宗白鳥全集』第二九巻、六五頁）。清沢の言葉にもちろん嘘はなかった。別のところでも清沢は、戦争回避のための努力が足りなかったのではないかと開戦の日には一日中煩悶したと語っている（『暗黒日記』一九四三年七月九日。以下、『暗黒日記』への言及の場合には日付のみを記す）。大正九年に日本で文筆活動を始めて以来、清沢の言論の最大のテーマは日米協調であった。二十年以上に及ぶその活動が失敗に終わった時、清沢が人に倍する悲しみと憤りを覚えたことは想像に難くない。しかし、清沢の言葉はたしかに大袈裟に響いたであろう。対米戦争に批判的な自由主義的知識人の集まったこの場でも、巨大な歴史の動きにどうすることも出来ない無力感、絶望感が支配していた。その場で、あえて歴史に対する個人の責任を語る清沢の姿は、他の自由主義者からは奇妙なものに見えたのである。

石橋湛山も、開戦当日に清沢に会っている。清沢は石橋から借りた本を床にたたきつけんばかりにして、もう本を読む気もしなくなったと憤激したという。石橋も開戦を憤り、悲しむ点では同様であったのだろうが、そのような激情にかられることはなかった。やはり石橋の回想によれば、のちに東京への爆撃が激しくなると、清沢は非戦闘員に対する残虐行為だとして憤慨し、一機でよいからニューヨークの上空に送り、アメリカ人に爆撃の味を味わわせてやりたいと語ったという。これに対し石橋は、大きな戦争に不可避的に付随する問題で止むを得ないではないかと述べ、清沢はセンチメンタルだと感じた（石橋「清沢洌君の思い出」）。

ともかく清沢の言動には、普通の日本人と若干異なったところがあった。蠟山政道がある政府関係の会合に清沢を呼ぶことを提案したところ、清沢が来ると打ち壊しになるからと反対する声があったという。どこでも誰とでも議論をするので、同席することを好まぬ者があったらしい（一九四四年十二月四日）。このようないわば書生臭さの抜けないところが清沢にはあった。それが、彼を類稀なリベラルとした所以《ゆえん》であり、また多くの人から誤解された原因でもあった。

さて、すでに述べた外交史研究以外に、清沢は戦時下でどのような活動をしていたのであろうか。まず評論であるが、彼が評論を発表できる――もちろん匿名で――ほとんど唯一の場は石橋の『東洋経済新報』であった。やはり親しい友人であり自由主義者であった小汀利得の『日本産業経済』でさえ、軍部への遠慮から清沢の原稿を断った（一九四四年三月二十六日）。『東洋経済新報』は昭和十三年以来、論陣を強化し、また言論弾圧による社内の動揺を防ぐため、社外から顧問を招いており、清沢もその一人であった。これは清沢にとっても『東洋経済新報』にとっても大いに良い結果を生んだようである。それでも書けることは限られていた。戦況や国内情勢をよく知らないと、何を批判しているのかよく分からないほど、その批判は微妙にまた注意深くなされなければならなかった。たとえば昭和十九年四月十五日に掲載された「日ソの国交安定」という社論は、同年三月の日ソ漁業交渉について、漁業協定の五カ年延長と、北樺太の石炭・石油採掘に関する日本利権のソ連への譲渡とが、いずれも日本の譲歩によって実現されたことを取り上げ、日ソ関係の安定のために好ましいと歓迎したものであった。たしかに、ソ連は日本の周囲でただ一つ敵国でない国であり、日ソ関係を安定させることは急務であった。ところがこれについてすら警視庁から注意があった。第一に、日本が譲歩したという表現は国民感情を刺激する、第二に、新協定の成立を「慶賀する」と書くことはソ連と交戦中のドイツを刺激する、第三に、北樺太利権の起源についてふれると、大正九(一九二〇)年の尼港事件(シベリア出兵の際、ニコライエフスクにおいて多数の日本人がパルチザンによって虐殺された事件)という好ましくない事件を国民に思い出させてしまうので避けるべきだ、というものであった(四月二十日)。いかに言論が不自由であったか、理解されるであろう。

ただ、一度だけ清沢は思い切った批判をしたことがある。昭和二十年三月七日の「徳富蘇

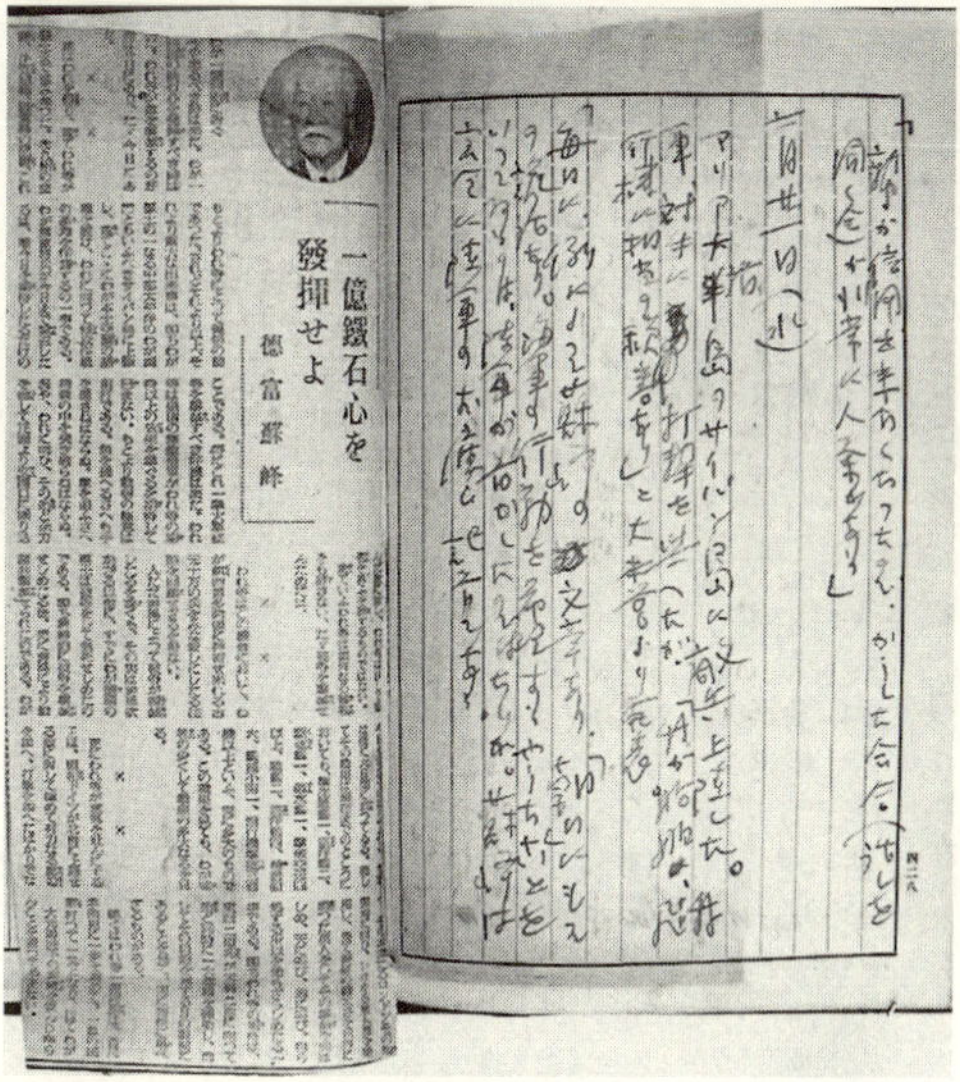

昭和十九年六月二十一日の日記「蘇峰は完全に陸軍のお雇い記者である」と書き、徳富蘇峰執筆の新聞記事を貼り付けている。

峰に与ふ」がそれである（評論社版『暗黒日記』所収）。清沢は、蘇峰こそ言論人として最大の戦争責任を負うべき者だと考えていた。英米を罵倒し、その力を軽侮する言論によって、蘇峰がいかに国民を誤らせてきたか、清沢は『暗黒日記』の至るところで批判している。その蘇峰が、戦況が不利になると、国民の覚悟が不十分だと言い出した。自分で国民を引きずっておいて、国民にこれほどの犠牲を強要しておいて、まだ覚悟が足りないと言うとは何事かと清沢は痛烈に論じた。石橋も、もう紙も貰えないから大胆に書こうと清沢を激励した。場合によっては『東洋経済新報』にとっても清沢にとっても最後の文章になりかねない激烈な批判であった。当時の言論統制が政府に対する批判に対してのみ厳しかったこともあって、幸いこの社論は掲載され、『東洋経済新報』も無事であった。しかし、五月の急死によって、これは清沢の最後の評論の一つとなってしまったのである。

なお、これ以外に清沢は、外務省の嘱託として、海外のインテリ向けの宣伝を、ジャポニカスという名で高柳賢三らとともに書くこととなった。しかし始めてみると、英語力の点を別としても、非常に難渋した。清沢が日本の政策を擁護する論文を簡単に書けるはずはなかったのである（一九四四年一月二十日その他）。

では、このように原稿料も乏しい中で、清沢はどのように生活していたのであろうか。以前から清沢は、自宅の近くなどに数百坪の土地と若干の貸家を持ち、また軽井沢にも三千坪ほどの土地と別荘を持って、財産の確保と収入の安定をはかっていた。ちなみにその別荘は白井晟一の設計による小さいながらも美しいもので、白井の戦前期の建築の多くが消滅してしまった今日、彼の初期の代表的な作品の一つとして知られている（『白井晟一――建築とその世界』）。このうち家賃の収入はともかく、土地は食料の自給に大いに役立った。東京と軽井沢の両方で、清沢は畑仕事を始めた。やがてそれは楽しみにすらなってきた。もう三、四年早く農夫の味を覚えていたら、どこかに土地を買って晴耕雨読をやっていたかも知れないと清沢は感じた（一九四四年五月十八日）。甥の笠原清明氏によれば、ほどんど酒をたしなまなかった清沢が、百姓仕事のあとの酒はうまいと晩年には言うようになった。それにしても、肥料や種も乏しい中で、慣れない畑仕事をするのは時に惨めに感じられた。軽井沢で馬糞を素手で拾いながら別荘に帰るところを女学生に見られた時は、さすがに清沢も恥ずかしさにいたたまれなかった（一九四五年四月二十六日）。

不動産の他では、清沢は丸ビル内のレストラン銀星に出資し、社長となっていた。銀星の支配人でもあった笠原清明氏によれば、昭和十三年欧米から帰国した清沢が、将来執筆が困難となる場合に備えて、独立して店を持ちたいという笠原氏の要請に応じて出資したものであった。また富士アイスにも出資して、取締役になっていた。これ以外にも株を持ち、相当の貯金があった。

こうした活動を、「文筆家離れした実利的生活行動派」であると非難する人もあった。戦争中に金製品等の供出を否定したことなども、同様の非難の対象となったらしい（前掲雨宮）。しかし、何らの組織にも属さぬフリーの評論家であった清沢にとって、言論の自由の最小限の保障は、生活の安定であった。筆を折っても生活の困らぬ程度の準備がなくては、思うままを論ずることは出来なかった。金製品の供出にしても、国家を絶対視することを戒め続けてきた清沢が、このような愚劣な行為に協力しなかったことは当然であろう。ともかく清沢は、情熱や理想だけでは自由を守るのに不十分であることを熟知して準備を欠かさなかった。おそらく移民時代の経験がその背後にあったのであろう。このような日本の知識人には稀なたくましい現実感覚が、清沢の言論を背後で支えていたのであった。

さて、開戦から約一年を経た昭和十七年十二月、清沢はのちに『暗黒日記』として知られるようになる詳細な日記――その表紙には、ただ「戦争日記」と書かれている――を記し始めた。それは、『日本外交史』を出版してから二ヵ月あまりを経て、学術出版ももはや容易に望めなくなっていた頃であった。『暗黒日記』という表題から、戦時下の生活への愚痴や憤慨を記したものと思う人があるとすれば、それは誤解である。清沢は、戦争終結ののちに現代史ないし現代外交史を書くことを計画し、その資料にするために（一九四三年八月一日）、戦時下日本の政治や社会に見られた様々な病理現象について、観察や批判を書き記したのであった。

しかしこれらの病理現象は、戦時下に初めて現れたものではなかった。日本社会が以前からはらんでいた病理的傾向が、戦時という特殊な時期において極限的にまで肥大化して現れたものであった。それゆえ、『暗黒日記』における清沢の観察や批判は、たんに戦争のみを批判しただけのものではなく、以前からの清沢の日本社会に対する批判の延長線上に位置するものである。つまりわれわれは清沢の日本社会批判の最も凝縮された姿をそこに見出すことが出来るのであって、『暗黒日記』が今日なおその価値を失わない理由もそこにある。

彼が批判した病理の第一は、国家の社会に対する極度の肥大化であった。「国家を最大絶対の存在と考え、その国策の線に沿うことが義務だという考え方」（一九四四年十二月二日）が全ての根本にあった。これに対し清沢は、アメリカの邦人社会という、いわば国家のない社会で育った人物であった。日本に帰ってからも、その最初期のエセー以来、社会の問題を度外視して国家の問題のみに熱中すべきでないと清沢は主張し続けていた。彼の外交評論の根底をなしていたのも、またこのような考え方であった。

あらゆるものを国家の必要にそってコントロールしようとする統制主義、官僚主義も、このような国家を最優先する考え方から生まれたものであった。行き過ぎた統制は生産活動を阻害し、物資の自然な流通を妨げ、のみならず社会のモラルを破壊すると清沢は確信するようになり、昭和十九年四月十三日の日記に「官僚主義、統制主義の欠点は、日本における数年の試験によって完全に明かにされた。予の一生を通し、この目前の試験が、予の確信を最後的なものとした。統制主義、官僚主義は日本を亡ぼす」と書いた。大恐慌時には一時社会主義的統制を必要と考えるに至っていた清沢であったが、この時期の経験によって官僚主義に対する反対を、一層強いものとしたのである。

しかもその統制において、最も大きな力を振るったのは軍人であった。彼らは軍隊の統制についてはともかく、社会の統制については全く無知であった。結果として生じたのは無知の支配であった。伝聞ながら、一つだけ面白い例を挙げておこう。『毎日新聞』の大東亜調査会というところで学者たちが戦争責任に関する研究を進めていた。そこにある軍人がやってきて、「そんなことは分っているではないか。チャーチルとルーズヴェルトにあるのは無論だ。今更戦争責任は可笑しい」と言った。「学者先生ピチャンコとなり、同部門なくなる」と清沢は書いている（一九四三年七月二十五日）。無知の支配もここに極まったというべきであろう。

いずれにせよ有効かつ全面的な統制など出来るものではなかった。そこに出てくるのが、物の名前を変えたり、組織を変えたりする形式的瑣末主義であり、心の持ち方を変えようとする精神主義であった。これを清沢は厳しく批判した。瑣末主義批判の例を一つだけ挙げておこう。昭和十八年五月十五日、アッツ島に敵軍が上陸したと新聞が報じた時のことである。アッツ島はかつて熱田島、キスカ島は鳴神島と名付けられていたのに、またアッツ島と発表された。「とられた時の事を考えての結果ならん。名前をかえることの好きな小児病の現実暴露だ」と清沢は日記に記した。

このような無知の支配を助長したのがジャーナリズムであった。ジャーナリズムの無責任に対する清沢の批判は、昭和の初頭から一貫したものであったが、この時期のそれも、時にユーモアすら感じさせるほど的を射て辛辣である。たとえば昭和十九年七月二十四日の日記には、新聞の軍への追従の一典型として、東条首相兼陸相から杉山新陸相への引き継ぎについての記事の切り抜きを貼りつけ、「いたはる杉山元帥、元気な東条さん、そこに無敵陸軍の崇高な精神の流れがひしと感ぜられた」というところに傍線を引き、「挨拶をすることが、『崇高な精神』なのである」と一言コメントを付けている。

このような無知が最も著しかった分野が外交であった。昭和十九年十一月、中国国民党政権はアメリカの要求を入れ、大幅な人事交替を行なったが、これを新聞は蔣介石とローズヴェルトの間で溝が深まったと大きく報じ、「下駄を預けた」とか「蔣介石の方が役者が上だ」といった分析を加えた。清沢は、外交を駆引と見る見方は根本的に誤っていると嘆いた（一九四四年十一月二十三日）。同じ見方が三国以上の国々の間に適用されると、たとえば、日本がソ連に接近すればアメリカが日本に手をさし延べる、逆に日本がアメリカに平和工作をすればソ連は日本の御機嫌を取るであろう、というような議論となった（一九四五年四月七日）。このような浅薄な勢力均衡論は、清沢が常々排斥したものであった。また、昭和十九年の秋には、米軍のフィリピン作戦や空爆はローズヴェルトの選挙対策だという見方が、しばしば新聞に報じられた。アメリカの政治を知らぬにもほどがあると清沢はあきれざるを得なかった（十月十七日、二十七日、十一月一日）。清沢によれば、外交とはその国の経済的必要を背景とし、歴史と政治構造によって方向づけられたものであった。それが長年の彼の主張であった。国際関係が、そう簡単に右から左に変わるはずはなかった（一九四三年五月一日）。

ところで清沢が戦争のさなかに最も憂慮していたのはモラルの崩壊であった。至るところに泥棒が横行していた。一見堂々たる紳士と見える人物さえも、機会さえあれば平然と他人の物を失敬する有様であった。娘の通っていた青山女学院では、弁当が盗まれるのを防ぐため、ストーブで弁当を温めるのを中止した。裕福な家庭の娘が通う青山でさえそうであった（一九四四年二月十日）。当時、徳義がすたれれば国は亡びる、国家永遠のためには敗戦した方がいいかもしれぬという議論があったけれども、清沢は、戦争の結果が徳義を破壊しているのであってその逆ではないと、明快にとらえていた（一九四四年三月十六日）。

このようなことが続けば革命は必至だと清沢は憂えた。敗戦ののち、秩序が崩壊し、暴動、革命、暗殺が続くであろう、敵と条約を結ぶ者も次々と暗殺されるであろう、その後に来るものが明るい未来である保証はどこにもない。それゆえ、何とか社会が崩壊する前に戦争を終わらせなければならないと清沢は焦慮した（一九四四年七月四日）。

清沢の期待は皇室にあった。「共同的訓練のない国民」を結び付ける役割を皇室は果たしていると考えていたからである（一九四三年七月六日）。陸相・参謀総長を兼務して絶大な力を持っていた東条首相が辞職した時、清沢は「この独裁者が仆《たお》れたのは、日本は矢張り皇室が中心だからだ」として、「この制度により願わくは、過激なる革命手段によることなくして戦争始末をなさんことを」（一九四四年八月五日）とその日記に記した。

ただ、清沢はそのような手段としてのみ皇室を考えていたわけではない。たとえば昭和十八年二月十一日の日記には次の記述がある。「紀元節だ。朝日さやけし。ああ、天よ、日本に幸いせよ。日本を偉大ならしめよ。皇室を無窮ならしめよ。余は祖国を愛す。この国にのみ生れて、育ちて、死ぬ運命に結ばれるのだ」。あるいは仲間の自由主義者以上に清沢は皇室論者であったかもしれない。長い海外生活は、このような愛国主義、皇室中心主義をかえって強化する役割を果たしていたのであろう。

ともかく、戦争終結は清沢の最大の関心事であった。彼にとって、敗戦は開戦の時から自明であった。しかし、清沢の周囲の自由主義的知識人の間でさえ、一貫して戦争に反対していたのは石橋湛山と馬場恒吾くらいであった。親しくしていた小汀利得でさえ、日中戦争勃発以来戦争を支持しており（一九四四年四月三日）、昭和十八年末の段階でも、日米戦争は「いい加減なところで妥協する」と言い、日本の完敗を予測していなかった（一九四三年十二月二十二日）。また小泉信三は昭和十九年十二月九日、清沢に対し、戦争でどうなってもアメリカの奴隷となるよりよいと言い、まだまだ戦争は続けられると述べた。清沢は驚いて、奴隷になるとはどういう意味かと反問したが、それまで強靭なリベラルだと思っていた小泉の変貌を淋しく思わずにはいられなかった。

それでは清沢はどのような終戦構想を持っていたのであろうか。昭和十九年八月一日、清沢は、最後の決戦に入る前に、中国、フィリピン、タイその他から全て撤兵すると声明して平和攻勢に出る案を語っている。十二月に入ると、情勢は一段と厳しくなっており、清沢の構想もさらに後退せざるを得なかった。すなわち、撤兵と満洲の放棄によって、台湾と朝鮮を確保できれば最上であると清沢は考えた（十二月十日）。清沢の構想が現実性を持つものであったかどうか、それは何とも言えない。しかし、清沢周辺の知識人の間においてさえ、清沢の構想は最も悲観的な、つまり最も現実に近いものであった。

しかし清沢が根本的な意味において悲観的であったわけではない。『日本外交史』の末尾は次のように結ばれていた。「戦争一度勃発するや、国家の総力が勝利を得るためにのみ捧げられるのは当然だ。普通の意味の外交は、戦争遂行の従属的意味においてのみ許される。だが大観すれば戦争そのものも、国家の独立と栄誉と発展とを含むところの大目的を完遂するためだ。悠久なる国家の歴史の上からいへば、戦争と外交とを、明確に断定すべき一線はない。世界無比に戦争に果敢なる日本国民が、同じ程度に外交に聡明であるかどうかが、将来に残された最も大なる課題である」。つまり清沢は、戦争に勝つことが究極の目的ではないと述べることによって、外交交渉で終戦に持ち込むことの必要性を説き、また、たとえ敗戦に終わってもその先に長い将来があることを示唆したのであった。同じ考えを清沢は、昭和十九年七月二十九日、サイパン玉砕について次のように述べている。「せめて普通人にそこに居残ることを命じたらどうだろう。そうすれば将来、そこの経済的基礎ができるのである」。移民時代以来の、国家間の戦争や勝敗を越えた、対外政策についての根底的な考察がそこにはあった。

『暗黒日記』で論じられている問題は数多いけれども、全篇を通じて論じられている最大の問題は教育の問題であった。昭和二十年二月十五日の日記で清沢は、「教育の失敗だ。理想と、教養なく、ただ『技術』だけを習得した結果だ」と書き、教育の失敗こそが結局この悲惨をもたらしたのだと断言している。教育とはもちろん学校教育だけではなく、一生学び続ける態度、それを指していた。清沢自身、独学で一生学び続けた人であった。また彼の評論活動は、常に、単なる知識の供給以上に、根底的な思考様式にまでインパクトを——教育を——及ぼすことを目的としていた。

しかしはたして日本国民は戦争の結果賢くなるであろうか。本当に戦争は懲り懲りだと感じるだろうか。昭和二十年の年頭にあたって清沢は自問せざるを得なかった。少なくとも戦後しばらくは戦争を嫌う気持が起きるであろう、その間に正しい教育を行なわなければならない、そのために働くのが自分の使命である。このように考えた清沢は、次のような覚悟を日記に記している。「日本が、どうぞして健全に進歩するように——それが心から願望される。この国に生れ、この国に死に、子々孫々もまた同じ運命を辿るのだ。いままでのように、蛮力が国家を偉大にするというような考え方を捨て、明智のみがこの国を救うものであることをこの国民が覚るように――。（中略）僕は、文筆的余生を、国民の考え方転換のために捧げるであろう」。遺憾ながら、これが清沢の最後の年頭の辞となってしまった。

日頃病気知らずであった清沢は、昭和二十年五月十二日軽井沢から帰京して風邪をこじらせ、二十一日肺炎のため死去した。五十五歳であった。余りに急なことであったので、夫人と娘は軽井沢に残したままであった。葬儀の日にも、爆撃のため、夫人も娘も葬儀委員長の植原悦二郎も参列できない有様であった。死後まもなく、清沢が最後に準備していたパンフレットが出来上がり、夫人によって知人に配布された。それは、連合国がダンバートン・オークス会議（一九四四年八～十月）において定めた戦後秩序案（のちに国際連合の基礎となった案）を、『東洋経済新報』で四回にわたって紹介し、批判したものをまとめたものであった。パンフレットは、「戦後世界秩序私案」と題されていた。受け取った人々は、平和に対する強烈な関心と、常に前向きの姿勢とを失わなかった清沢が、死してなお語りかけてくることを感じたかもしれない。

おわりに

「はじめに」でもふれたように、清沢の人生は、彼が終生の問題とした日米関係の推移と奇妙なほどに符合していた。彼が渡米したのは、移民問題が最初に深刻化した明治三十九（一九〇六）年であり、帰国したのは、第一次世界大戦の終了によってアメリカの影響力が世界をおおい始める大正七（一九一八）年であった。中外商業に入って言論活動を開始した大正九年は、日本における日米協調論が頂点に達した年であり、同時に、第二次カリフォルニア土地法によって、これに影がさし始めた年であった。彼の最初の著書は、大正十三年の排日移民法の成立に激昂した日本の世論を鎮静させるため、その翌年に出されたものであった。彼が評論家として独立した昭和四（一九二九）年は、アメリカの威信が大きく傷ついた大恐慌の年であった。そして彼が沈黙に追い込まれたのは、彼が最も憂えた日米戦争が勃発した昭和十六年、その死去は終戦の三カ月前、昭和二十年のことであった。

清沢が日本で言論活動を開始した時、国際協調とくに対米協調を説くことは、日本政治の自由主義的変革を説くことと同様、別に珍しいことではなかった。清沢は数多いそれら知識人の中の目立たない一人に過ぎなかった。時流に乗るという側面もないではなかった。しかし大正十三年の排日移民法の成立、昭和四年の大恐慌、六年の満洲事変を経て、国際協調・対米協調を説く知識人は次々と転向し、あるいは沈黙していった。言論統制が進む中で、「時代遅れ」と批判されながら、清沢は孤独な言論活動を行なわなければならなかった。

にもかかわらず清沢の外交評論は、とくに満洲事変以後に対米関係を論じた評論は、ますます冴えていった。満洲事変以後の日米関係は、決して直線的に破局に向かったのではなく、はなはだ複雑で曲折に満ちたものであった。この間の清沢の評論は、今日の外交史研究の水準にてらしても、極めて洞察力に富んだものであって、日米関係の重要なターニング・ポイントのほとんど全てについて、その意味と帰結とを的確に指摘していたと言っても過言ではない。

清沢のリアリスティックな外交評論の根底にあったのは、国際関係の基礎は経済力であり、政治的・軍事的な力の果たす役割は二次的であるという考えであった。サイパンが陥落した時、玉砕や撤退をせずに現地に居残ることにより、日本の経済勢力の確保をはかるべきだったと考えたように、政治の極限たる戦争や敗戦のなお彼方に、より根源的な経済力が存在することを理解していた。それゆえ外国との関係は政治的・軍事的関係である前に、まず経済関係であった。外国は、脅威である前にまず顧客であった。分裂した弱い中国よりも、統一された豊かな中国の方が日本にとって望ましく、中国よりもアメリカの方が重要なのはそのためであった。

そして一国の経済力は、清沢によれば、資源でも資本でもなく、その国民が勤勉に生産するかどうかにまずかかっていた。政治的な力は、決してこれに代わることは出来なかった。どれほど政治的な保護を加えても日本の満洲経営の成功は難しく、またどれほど政治的に混乱していても中国の将来は明るいと考えたのはそのためであった。以上のように経済力を政治力に優先させ、経済力の要素として民衆の勤勉を最も重視した背景には、彼の移民経験があったことは何度も指摘した通りである。

その点で、日本の多くの知識人は、国家と密接に結び付いていたことを対比すべきであろう。国際主義・親米派の知識人をとってみても、彼らは、政府の官吏であり、帝国大学の教授であり、あるいは政府と密接な関係を有するビジネス・リーダーであった。彼らは国家の立場を離れて国際関係を論じ、国民経済を論じるにはあまりに政府と強く結び付いていた。長いアメリカ経験を持つ松岡洋右が、清沢と全く異なった外交政策を推進することになった理由の一つは、政府との密接な結び付きであった。清沢自身においてすら、昭和十二～十三年に日本を代表して国際ペン・クラブに出席した時には、同じ危険に襲われたのであった。以上のような国際関係観から、外交の役割は当然より限定されたものでなければならなかった。国民経済の要求に長期的に合致する方策を追求することが、その仕事であった。外交に過大な期待を寄せたことが、一九三〇年代の日本の対外政策の失敗の根本的な原因であった。しかしそれは、外交の役割を軽視することを意味するものでも、外交官の独自の役割を否定して国民の声の代弁者としてしまうことを意味するものでもなかった。むしろ、そのような限定された役割の中で、専門家としての技量を発揮し、時には国民世論に反して行動するような、外交の貴族主義的性格を清沢は強調したと言うべきであろう。

さて、以上のような清沢の専門家としての鋭い洞察力のさらに背後には、強い理想主義があったことを見逃すべきではないであろう。彼の対米協調論の背後には、アメリカが建国以来――様々な混乱や逸脱にもかかわらず――保持してきた自由、平等、個人の尊厳などの価値に対する共感が、決定的な要素の一つとして存在していた。彼が日独提携に反対した理由の一つは、その逆に、両国間には条約の真正さを保証すべき相互的尊敬の要素がないと考えたからであった。国際関係を経済的な実益を基準としてとらえたのも、そのような理想主義と無関係ではなかった。売買が売り手と買い手の双方に利益をもたらすように、国家間においても取引は双方を利し、双方を対等の関係において結び付けるということを、清沢は認識し、希望していた(『黒潮に聴く』四四〇頁)。平和が利益であるという主張は、平和は尊いという理想と密接不可分に結び付いており、どちらが中心であると決められるようなものではなかった。国民の勤労を重視せよという主張は、働く者への愛情や尊敬と不可分であった。それらはいずれも、無名の青年として過ごした移民時代に培われたものであった。

このような理想主義は、清沢の外交政策の根底にあっただけではなく、彼の生活と評論活動をも貫いていた。昭和十年の『混迷時代の生活態度』において清沢は、日本の思想と行動の根底には愛がなければならぬと述べている。この考えから清沢は、階級や外国に対する憎悪に根ざしたマルクス主義やファシズムは受け入れられないと排斥し、批評というものは、たんに欠点を指摘するだけのものではなく、根底に愛を持ち、建設的な代案を呈示するものでなくてはならないと述べていた(二〇、八五〜八六頁)。

清沢はアメリカ時代には、信濃太郎をもじって喧嘩太郎と呼ばれたこともあった。彼の自信と野心とは、しばしば周囲に不愉快な感情を抱かせた。しかし長く孤独な言論活動を続けるうちに、彼は徐々に変化していった。『非常日本への直言』(昭和八年)の序文の中で清沢は、昔アメリカで人種的迫害を受けた時には、燃えるような怒りを感じたものだったが、年とともに、一人でもこのような狭い考えを持つ者を少なくしたいと念ずるようになったと述べているのは、このような変化を述懐したものであった。清沢は会話などにおいては晩年

——と言っても老けこむほどの年ではなかったが——に至るまで、やや直言が過ぎて座を白けさせることもあった。しかし評論における清沢は、国民の幸福を願って読者に静かに語りかけるようになっていった。初期に見られたような、寸鉄人を刺すだけの評論は、姿を消していた。研成義塾時代にキリスト教を通じて注入され、移民経験によって育まれた理想主義は、結局終生彼を離れることなく、壮年期の闘争心が薄れるとともに、再び力強く蘇って彼を支配することとなったのである。

一般に、現実に対するリアルな認識や対応は、何らかの価値に対する献身に支えられて始めて可能となるものであって、そうした根底のない「現実主義」は、現実の変容に追随するだけのものになりやすい。政治学者がしばしば指摘するように、マキアヴェッリとマキアヴェリアンとの決定的な差異はそこにある。清沢の外交評論は、そのようなリアリズムとアイディアリズムとの結び付きの稀有な例であった。

清沢の外交評論は、残念ながら日本を動かすことはできなかった。しかし、戦後四十年にわたって、清沢の主張の多くは実現されてきた。国民の勤勉・生産活動を基礎として、日本の経済力は飛躍的に発展した。日本の対外関係は、政府よりも、むしろこのような民間の活動によって支えられるようになった。リベラル・デモクラシーや国際協調に対する信念も定着した。日米協調、日中協調も実現した。今日清沢の主張が平凡で常識的なものと見えるのはそのためである。自己の主張が実現されることによって、その存在意義を失うのが優れた評論家の運命なのである。

しかしそのような成果は、必ずしも日本国民が自らの叡知と努力によって勝ち取ったものではない。清沢が批判した様々な日本社会の病理も、完全に克服されたわけではない。日本国民は本当に賢くなるであろうかという清沢の疑問に、われわれは十分な自信をもって答えることは出来ない。しかも戦後四十年の間に、世界はより広範で構造的な諸問題に直面するようになり、国力の増大に応じて日本が果たすべき役割も飛躍的に増大した。この新しい課題に対処すべき妙案を清沢が持っていたわけではない。しかしあの困難な時代に現実を直視し、分析し続けた清沢の態度と方法から、われわれが学ぶべきことはなお多いというべきであろう。逆境を切り抜けることに比べ、順境にスポイルされないことの方が容易だとは決して言えないのだから。

補章　若き日の清沢洌——サンフランシスコ邦字紙『新世界』より

邦字新聞記者時代（左から２人目、清沢）

清沢洌がその生涯に及ぶ言論活動を開始したのは、アメリカ西海岸で在留邦人のために発行されていた邦字新聞においてであった。彼の最初の舞台となったのはシアトルの『北米時事』であったが、同紙はその後散逸してしまい、今日まとまったコレクションとしては、日本にもアメリカにも残っていない(田村紀雄・白水繁彦編『米国初期の日本語新聞』、二一五頁)。しかしながら、その次に清沢の活躍の舞台となったサンフランシスコの『新世界』は、アメリカのいくつかの図書館に所蔵されており、これによって若き日の清沢の主張を知ることができる。(1)

清沢のサンフランシスコ滞在は一九一四年から一八年(大正三〜七年)、二十四歳から二十八歳にかけてのことであった。若き日の清沢の目に映じた当時の日本人移民社会には、どのような特質があったのであろうか。またそうした在米邦人社会のあり方に対し、清沢はどのような意見を持ったであろうか。そしてそれは、後年の清沢の思想をどのように準備したのであろうか。

シアトル時代

まず清沢がサンフランシスコで『新世界』に執筆を始めるまでの伝記的事実を、ごく簡単にまとめておきたい。

清沢洌は一八九〇（明治二十三）年、長野県の農家に生まれた。小学校を終えて松本中学に進むことを望んだ清沢は、父親の許しを得ることができず、やむなく研成義塾という近所の小さな私塾に入った。塾の主宰者の井口喜源治は、内村鑑三の系統の無教会派のクリスチャンで、清沢に強い影響を与えた。一言で要約すれば、立身出世を夢見ていたこの若者に、井口は「世の光、地の塩」となることを教えた。清沢が一九〇六年、十六歳で移民として渡米したのには多くの理由があったが、学問と信仰が強い動機となっていたのが特徴である。

この一九〇六年（アメリカ到着は翌一九〇七年一月）は、サンフランシスコで日本人学童隔離問題が発生した年であった。清沢が到着したワシントン州はカリフォルニアに比べると排日色の弱いところであった。しかしそれでも、清沢は多くの偏見や迫害と遭遇しなければならなかった。学校へ通うことは、さらに一段と困難であった。多くの仕事を転々としながら苦学した清沢は、そのうち、好きな文章を書きながら学資が稼げないかと考えるようになった。こうして『北米時事』に手紙を寄せ、同紙のタコマ支社をやらせてほしいと頼み込んだ。これが受け入れられて、清沢は新聞配達から取材まで全てを一人で担当するタコマ支社主任となった。一九一一年の頃である。

清沢の文章はたちまち移民社会で評判となり、一、二年の内に、かなり知られた存在となったようである。その後一九一三年一月から五月までいったん日本に帰り、早稲田大学に合格したが、学資問題でつまずいて、再びアメリカに戻った。そして再び『北米時事』で活動を続けたが、一九一四年、サンフランシスコの『新世界』に移ることになる。

さて、前述したように、『北米時事』は残念ながら今日入手できない。しかしシアトル時代の清沢は、それ以外にもいくつかのところに移民問題について書いている。雑誌『新故郷』はその一つである。これは、シアトル付近における研成義塾出身者が集まって作った穂高倶楽部の同人雑誌であり、一九一三年三月一日に第一号が発行されたものである。清沢はこの第三号(一九一四年一月一日発行)に「日米問題の現状」、そして第四号(同年八月二十日発行)には「日米の問題と其解決の途」という小論をそれぞれ掲載している。またシアトルを離れてからではあるが、第五号(一九一七年三月二十五日発行)には、「悲観か楽観か其後の日米問題」をサンフランシスコから寄せている(以上いずれも『井口喜源治と研成義塾』所収)。

以上三編を通じて指摘できるのは、まず、清沢が外交問題としての移民問題の解決について全く悲観的であったことである。「日米の問題と其解決の途」は、条約改正、帰化権獲得、仲裁裁判その他いくつかの考えられる解決方法について論じたうえ、どれも現実性を持たないとして、「要するに日米問題の解決は目今甚だ頼むべからざる位置にある。一般在留同胞も又米国に関係を有する故国の人々も、多く日本政府に頼る事無くして自からの問題は自ら処分して行くの覚悟を要すると思ふ」と結んでいる。

ただし清沢は日本人移民の将来についてははなはだ楽観的であった。「日米問題の現状」において清沢は、「パナマ運河が開けると伊太利や希臘の移民がドシ／＼やつて来ると、今まで日本人を余程下等なものゝ様に思てゐた加州民が、之等の人間に比して日本人が意外に勤勉な上等な人々であつた事を思ふて、却て日本人と相提携する様になると思ふ」と述べ、経済的機会があり、日本人が良質の労働力である限り、在米日本人の将来に不安はないと断じたのである。また「悲観か楽観か其後の日米関係」においても、日本人児童の増加率が高いことについてふれ、彼らはアメリカ人であると同時に日本人であると指摘して、「此人々の増加は、やがて日本民族の発展ではありませんか。日本人と言ふ世界の舞台には新らしい種族が、滔々として大河の観がある白皙人種の中に這入て、何《ど》の位まで彼等と競争して優勝者たる事が出来る乎。之が愉快なる楽観的前途で無くて何でありませうぞ」と述べたのである。

以上のような移民問題についての極度の悲観と、移民の将来についての極度の楽観は、清沢の生涯を貫くものであり、また彼の外交思想を基礎づけるものであった。ではそれは一体、移民社会に対するどのような認識から生じたのであろうか。『新世界』の記事は、この点で多くの示唆を与えてくれるであろう。

『新世界』に移る

清沢は一九一四年十月頃、サンフランシスコに移って同地の邦字紙『新世界』の記者となった。[2] それまで『北米時事』を主宰していた松原木公がサンフランシスコに移り、『新世界』の経営に乗り出したのに従ったものである。

その頃すでに清沢はシアトルでは文名が高かった。前にも挙げた同人雑誌『新故郷』第一号は、清沢のことを「当沿岸に於ける同胞中著名の文士なり」と紹介し、「当地発行の北米時事タコマ支社主任として在勤二ケ年君が振へるペンは蓋し当沿岸出色の大文字たりき」と讃えている。清沢が執筆を開始して僅か二年、二三歳になったばかりのことである。また第三号には「『北米時事』記者として勇健なる筆を紙上に振はる。近来行文の明快と想の円熟一段進めるやの感あり」とあり、さらに第四号には「君の筆は確しかに天才として驚異の眼を見張らざるものなし。望む更に奮勉して大成を期せられん事を」とある。同人誌である事を割り引いても、相当の評価を受けていたと考えてよいであろう。松原木公も、「(シアトル・タコマ)地方青年文士グループの間に嶄然頭角を現し、明快犀利な評論の筆を揮い、叙情美文の翁久允君と並んで、沿岸文壇に文名を馳せていた」と述べている。

このように若く、また才気あふれる清沢が松原に従って『新世界』に入った時、多少の摩擦が生じたのは当然であった。やはり松原によれば、当時『新世界』編集部には、老記者・二宮屏巌のほかに、高村径徳、池内幸親、北沢平蔵らの記者があったが、清沢は北沢と折り合いが悪く、高村も北沢に加担して、二人は清沢の仕事を一切手伝わぬ有様であった。そのため清沢は担当していた広大な社会面を一人で切り回し、午前から午後二、三時まで取材に費やし、その後すさまじい速筆で一気に書きあげたという（松原木公「清沢君の片鱗」）。

さて、次に『新世界』の記事や論説の中から、清沢の執筆にかかるものを特定する手掛かりについて述べておきたい。清沢という本名以外では、まず太郎というペンネームが用いられている。清沢はシアトル時代からのちに中外商業新報時代（一九二〇〜二五年）まで、長く信濃太郎をペンネームとして用いた。サンフランシスコ時代には信濃太郎は使われていないが、太郎はしばしば用いられており、清沢のものに間違いない。中には桑港太郎などというものもある。さらに「一記者」という署名で、文体と内容からみて清沢の執筆が確実なものが少なくない。これは彼が中外時代に時々使ったものである。(3) 清沢は自己顕示欲の強い人物だったから、匿名で済ませてよさそうな、また済ますべき記事にまで自分の執筆であることの痕跡を残すことを好んだようであるが、そのためには「一記者」のような一般的な名前が適当であったのであろう。また清沢がこういう使い方をする場合、前記のような編集部の事情からみて、他の記者が「一記者」の名を使ったとは考えにくいから、「一記者」名による記事はおそらく全て清沢のものであろう。しかし確実を期するため、内容・文体の両方でも清沢らしいもののみを用いることとした。その他にも文体と内容から清沢の記事と推測されるものは少なくないが、よほど特徴的なもの以外はとりあげないこととする。

故国への関心

『新世界』の紙面でまず特徴的なことは、日本への関心が極めて強いということである。最も大きな活字を使って一面のトップで報じられるニュースは日本のことである。一面には国際関係のニュースも多いが、これもほぼ全て、日本の視点から観察したものである。一面またはニ面に掲載される社説も、しばしば日本の問題を論じている。掲載されている広告もほとんどが日本製品や日本人商店のものであり、紙面の中に英語が出てくるのは、英訳紙名の The New World と日付、曜日、社の住所程度である。要するに全体に著しく日本色が濃厚であり、二面の半ばまで読まなければ、アメリカで発行されている新聞であるという事実をほとんど感じさせないほどである。

清沢の執筆による社説を例にあげよう。一九一四年十二月十三日の清沢生の名による社説、

「無意義なる政争」は次のように述べている。大隈内閣と政友会が激突して議会が解散されることになりそうである。しかし政友会は実は増師（二個師団増設）党であって政府与党と同じである。元老山県有朋の好意を求めることでも同様である。したがって今回の解散は全く意義のないものである。国民は軍備拡張については必要ならばこれに耐えるだろうが、「無意義なる権政与奪、非立憲御用争ひ」に対しては耐えられない、このように清沢は論じた。論旨は明快で極めて説得的である。しかし邦字紙において故国の政争を論じることに、一体どれほどの意義があるのか、多少の疑問を感じざるをえない。邦字紙の論説は、故国の政争に何の影響も持たないであろうし、また故国の政争は在米邦人の生活にほとんど影響を持たないだろうからである。

清沢自身、このような日本関係の社説は好まなかったらしく、判明する限りにおいて、他には一編も書いていない。それどころか、こうした邦字紙の行きすぎた日本志向に対する最も徹底した批判者が清沢であった。二年ほど後のことであるが、一九一六年十月十四日の『新世界』に、「同胞諸君に言ふ事あり」という社説が載っている。無署名であるが、文体と内容から筆者は清沢に間違いない(4)。そこで筆者は、在米邦人が故国における内閣の更迭に議論の花を咲かせ、欧州大戦の趨勢について意見を闘わすことにふれ、次のように述べている。こうした関心を持つことは自然の人情であって、自分は別に反対しようとは思わない。しかし他方で我々個々人の問題や在留同胞の問題を軽視するようではいけない。実を言えば、故国の内閣の更迭も欧州戦争も、日本の将来にも、日本の対米政策にも、また在留同胞の上にも大きな影響を及ぼすようなものではない。それなのに自己の運命も同胞の運命も忘れ、変わりばえのしない生活をしながら、大政治家を気取って天下国家の大議論にふけることには、三文の値打ちもないではないか。このように筆者は在米邦人の日本への関心過多に対し、警告したのである。

「加洲同胞の痼疾」

一体何故に、在米邦人の関心はこれほどまでに強く日本の方を向いているのだろうか。そこには在米邦人社会の根本に関わる大問題が潜んでいた。清沢がそのことを鋭く指摘したのが、一九一五年一月二十五日から二月一日にかけて七回にわたって連載した「加洲同胞の固〔痼〕疾」という論説であった。当時サンフランシスコでは在米日本人会代表者会が開かれており、移民問題の解決に向けて、年俸一万ドル程度を支出して日本から有力なる人物を招聘する案や、故国の協力に対する感謝を表明し、あわせて一層の援助を求めるための答礼使を派遣する案が議論されていた。会議を傍聴した清沢は、「僕は該会議の傍聴者として、加洲の所謂先覚者——少なくとも日本人会〔の〕代表的人物の癒やすべからざる固疾《ママ》が何れの辺にあるかを捜り当てた様な気がした」と述べてこの論説を始めている。

まず清沢は有力者招聘案について述べる。第一に、日本において豊かな未来を持つ真に有力な政治家が、少しくらい高給を出したからといって、移民問題のためにわざわざアメリカまでやって来るはずがない。かりにやって来ても、日本政府がこれまでアメリカに対して外交ルートで働きかけて少しも効果が上がらなかったものが、彼らの力で変わるはずはないではないか。

答礼使についてはどうか。まず答礼使とは同格の団体の間で交換される相互的礼譲である、しかも移民問題は解決の糸口さえついていないのに、一体何に礼を言おうというのかと清沢は批判する。要するに実体は実情陳述使にすぎない、しかるに、かりに一〇万同胞の実情をよく陳述しうる人があったとしても、彼はよく日本の世論を動かすことができるであろうか。こう述べて清沢は最近の例を挙げる。

一九一三年排日土地法問題に関し、在米日本人会は決議して、故国の世論の鎮静を要請した。ところが故国の新聞は「今にして在留同胞が斯くの如き事を求むるは卑怯なり」と罵った。たしかに一九〇六年の時と比べ、日本の世論の沸騰は著しく、それが行きすぎると在米日本人に危険が及ぶ可能性があった。それゆえ在留邦人が故国の世論の鎮静を望んだのは当然であり、清沢もこの立場を肯定していた。しかしその一方で清沢は、故国は移民問題以外にも様々の問題をアメリカとの間に抱えているので、在米邦人と異なった態度を取ることも止むを得ないと述べていた。要するに、在米邦人と同様の態度を取ることを故国に期待すること自体が間違いであると清沢は論じたのである。

このような有力者招聘や使節派遣といった考えの背景には、お上に依頼する抜き難い事大主義があると清沢はいう。在米日本人会では、「会員は幹部に頼る、幹部は会長に頼る、会長は領事館に頼る、斯くて勢力の根源は常に日本官憲にある」、そのような体質がある。彼らは「自ら立ち治むる事を知らざる（中略）人民」である。このように断じた清沢は、こうした事大主義が、排日土地法問題を政治問題化し、ついに失敗に追い込んだ一因であると次のように述べる。「愈々此同胞社会の最高枢府たる日本人会幹部、領事館の首脳が処分することの出来ない排日土地法が起こり来たるや、周章狼狽為す事を知らず、狂喜のやうになって常に勢力の根源と仰ぎつつある故国に打電し、救助を乞ひ、其結果は今の如き日米繋争問題として仕舞ったのだ」。もっとも、このような事大主義は在米邦人のみならず、日本人全体にも見られるところである。このことを清沢は、「軍隊的教育によくして自治的国民に適さざる事日本人の如きは無い」と断じている。

ともあれ清沢の見るところ、サンフランシスコには事大主義の精神が満ち満ちていた。正金銀行、郵船、三井物産は御三家と呼ばれていた。各地の日本人社会の先覚者は、「元老」

と呼ばねばならなかった(5)。さらに事大主義は服装にまで現れていると清沢は言う。すなわち、サンフランシスコでは、労働者を別として、やたらにモーニングやフロックコートを着ているものが多い、「米国に於て最もモーニングの流行する所と云ふたら先づ桑港の日本街に指を屈してよからうと思ふ」、それは「無自覚なる官僚主義」の現れであると清沢は論じている。

このような事大主義批判を、清沢はその後も何度も書いている。清沢生の名による「故国より記者団招待の議に就き」(『新世界』一九一五年七月十一日)もその一つである。これは、移民問題の解決を目的として、日本より新聞記者二、三十名を招待するという案に対し、次のような批判を加えたものである。たしかに移民問題は国際紛争である、それゆえ政府の外交を背後で支える世論は重大である。この世論喚起において新聞記者招待は大きな意義を持つかもしれない。しかし世論が盛り上がったところで、移民問題の外交的解決にほとんど役に立たなかったのは、すでにサンフランシスコ学童隔離問題以来経験済みではないか。在米新聞記者の最大の使命は何か、それは同胞に対して自立の必要を説くこと以外にない。このように清沢は論じたのである。

アメリカ精神

このように移民社会に内在する欠陥を指摘する一方で、清沢は、アメリカの偉大さを見失わぬよう読者に呼びかけていた。一九一五年七月四日、アメリカの独立記念日によせて書かれた「独立祭に際し米国の大を想ふ」は、その好例である。

清沢は述べる。排日問題に関して、我々はついアメリカの欠点を指摘することに走りやすい、しかし、それとともにアメリカの美点を忘れることがあってはならない。ピルグリム・ファーザーズや独立革命の精神は、表面的には、もはや消滅してしまったように見えるかもしれない。「併し乍ら我等は此混沌たる米国文明の裡に、此古い併し最も健全なるピュリタンの血は依然として脈々として波打てゐる事を感ずるのである」。「井戸を掘る、始めに出て来るのは腐った濁れた水だ、掘る事四五尺にして稍々水は澄む、更に此を掘る事深ければ水は益々清く益々冷めたく、遂には水晶の如くに至るであらう」、「排日、ストライキ、新来労働者の横暴、さうした者だけ見れば米国程荒削りな文明は無いが、其皮一重の底には滾々《こんこん》たるプユアーな感情が流れてゐるのは少しく米国の内面的性格を捜ったものには直ぐ分かる」。

こうして清沢が例に挙げるのは、ウィルソン大統領の対独政策に抗議して辞職したブライアン国務長官である。自分はブライアンのような極端な平和主義には反対である、しかし自分の主義のために国務長官の要職をなげうって、一平民として自己の主義のために奮闘しようとするその「シンセリチー」には敬意を表さざるを得ない。カリフォルニアの排日の問題をとってみても、「米国思想界の重鎮たるメービー博士、ホルト博士、タフト氏等」がカリフォルニア州民の頑迷を批判する勇気には敬服せざるをえない。

これと比べて日本はどうだろうか。清沢が対比するのは袁世凱顧問有賀長雄に対する日本世論の非難である。よく知られているように、有賀は二十一ヵ条問題のさなか、いわゆる第五号を削除するよう日本側に働きかけ、とくに元老山県有朋への工作を通じて、その目的を達した。有賀はそれが中国のためにも日本のためにも最善と信じて行動したのであったが、日本の新聞は有賀を国賊扱いし、そのあとをつけ回し、あらゆる罵倒を浴びせた。このような狭量な日本国民に、加州の排日を批判するアメリカの勇気ある知識人の言論を聞く資格はない。アメリカの政界にももちろん腐敗はある。しかし、反対党批判のためには雑言漫罵をほしいままにし、国民教育に与える影響など顧みようとしない日本の議員に比べることは出来ない。このように清沢は論じ、「我等は（中略）此混沌たる米国文明の後に、偉大な然かも暖かいカレントの流れてゐるのを羨まざるを得ない」と述べたのである。

清沢は当時すでにキリスト教の信仰から離れていたけれども、かつての信仰体験を通じて、アメリカ文明の背後に流れる大きな力を感じ取ることができた。また移民問題の渦中にあったが故に、排日移民運動に反対する勇気ある人々の真価を知ることができたのである。のちに清沢が徹底した対米協調論者であり続けたのも、たんにアメリカの巨大な実力を熟知していたためだけではなかった。その背後に、このようなアメリカ文明に対する尊敬があったという事実を忘れてはならないだろう。

労働者との提携

それでは、日本人移民が直面している様々な問題を解決ないし緩和するため、アメリカとの関係で何かなすべきことはないのか。署名入りで書かれた一九一五年六月二十七日の「労働大会と在留同胞の自覚」という論説は、この点で興味深いものである。これは、同年九月からカリフォルニアで開かれることとなっていたアメリカ労働総同盟（ＡＦＬ）大会によせて書かれたものである。あらためて言うまでもなく、労働組合は日本人移民排斥の中心勢力であり、したがって、労働組合と提携することなしには、日本人移民排斥の根を断つことはできないという議論も当時から存在していた。しかし問題は提携の方法であった。労働組合のリーダーと会食したり、組合員と会合して意見を交換することは、当時から時々行なわれていた。しかし清沢は、根本的な対立がある以上、このような方法は効果を上げ得ないと批判する。

問題は一体どこにあるのか。日本人が労働者であるにもかかわらず、自己の権利を自覚主張し得ないところに根本原因があると清沢は主張する。現在ＡＦＬは八時間労働を主張して資本家と闘っている。我々が享受している一〇時間労働も、彼らの努力の賜物である。我々は労働運動に対し、まず感謝する必要があり、また彼らの運動を助けるべき義務がある。こうして清沢は、日本人が労働者らしく、自らの労働条件を改善するために努力することが、労働運動と提携する最も根本的な条件であると論じたのである。

この点で興味深いのは、一九一五〜一六年における友愛会の鈴木文治の渡米である。鈴木の渡米は、日本の立場を常々擁護していたシドニー・ギューリックや日本における日米親善論の大御所・渋沢栄一らの提唱によって一九一五年春に実現したものであった。翌一九一六年秋再び渡米した鈴木は、ユーリカやボルティモアのAFLの大会に出席し、会長のゴンパースなどとも交際を深め、大いに好感を与えたのであった（鈴木「日米関係と労働運動」、『新世界』一九一六年十月十七、十八、二十日。また無名氏の名による「友愛会長鈴木文治論」〔『新世界』一九一七年一月一日〕も、鈴木の活動を詳しく報じ、高く評価している）。ところが日本関係者ではかえって鈴木を批判するものが少なくなかった。外務省もがんらい鈴木の渡米に消極的であったし、とくに一九一六年秋には、訪米していた茅原華山が鈴木をスパイ呼ばわりしていた。これに対し清沢は、「心無き疑義を為す勿れ」（一九一六年十二月十八日）を書いて鈴木を擁護し、「鈴木文治氏の活動が、移民問題を中心にする日米問題史上に、特筆すべき一事件たるを承認する」と述べ、その活動を評価したのである。(6)

国際問題への関心

さて、清沢は新聞紙上で議論ばかりしていたのではない。むしろより客観的な事実の報道に従事していた時間の方がずっと長かったはずである。そうした記事は、筆者を特定することも、その特徴を指摘することも容易ではない。しかし彼と外交官ないし外交関係者との接触だけは触れておく価値があるであろう。

清沢が会い、好感を持った人物の一人はウィリアム・ロックヒルであった。ロックヒルはチベット学者としても知られ、かつて門戸開放宣言の作成に大きな役割を果たし、一九〇五年から一九〇九年にかけて駐清公使を務めたアメリカでも有数の中国通であった。ロックヒルはウィルソン政権において職を失ったが、袁世凱に請われてその顧問となり、一九一四年十一月アメリカを発して中国に向かった。清沢が会ったのはその途中である（『新世界』一九一四年十一月二十九日）。

この会見でロックヒルは日独戦争にふれ、青島を攻略した日本は、膠州湾を還付して中国の信頼を回復するほうが有利であり、またマーシャル群島やカロリン群島の保持もアメリカとの関係で避けるほうが賢明であると指摘し、また排日土地法問題については、日本の主張に理があるが、忍耐第一で臨むべきであると述べた。ロックヒルはこの時すでに体調が優れず、まもなくホノルルで死去した。清沢はロックヒルがベッドに横たわったままインタヴューに応じ、極めて率直に自己の意見を語ってくれたことに強い印象を受け、十二月十日の紙上でその死を悼んでいる(7)。

もう一人はガスリー駐日大使であった。ガスリーはウィルソン政権で駐日大使に起用されたが、一九一五年の二十一ヵ条交渉の時、立場が日本寄りに過ぎるとして大統領の不興を買ったことがあった。ガスリーは夫人の病気療養の名目で同年五月、一時帰国したが、その本当の理由は何かと世間の憶測を呼んだ。このときサンフランシスコでインタヴューしたのが清沢であった(『新世界』五月四日)。

なおガスリー大使は一九一七年三月東京で急逝し、その遺骸は軍艦吾妻で護送され、夫人とともに五月二十五日サンフランシスコについた。清沢はガスリー死去の報が入った時と、吾妻が到着した時の二度記事を書き、ガスリーが「穏健な牧師」といった感じの人物で、「人格高潔な米国流のゼントルマン」であると述べ、事実としてガスリー就任当時は問題の多かった日米関係が、今日平穏となったとして、その功績をたたえている(『新世界』三月九日、五月二十五日)(8)。

その他十分な証拠はないが、急逝したロックヒルに替わって袁世凱の顧問に就任したジョンズ・ホプキンズ大学総長のフランク・グッドノウ、かつて反日外交官であり、一九一五年当時日米提携に一役買おうとしていたウィラード・ストレイト、ロシア・極東問題の権威として知られていたジョージ・ケナンなどについての記事を書いたのも、清沢であったように思われる（『新世界』一九一五年十月八日、一九一七年三月十一日、一九一六年十二月一四日）。要するにサンフランシスコは極東政策関係の要人がしばしば通過した都市であり、たとえ会えることはなくとも、清沢が彼らについて興味を持ち、情報を集める機会は少なくなかった。外交評論家清沢洌は、その意味で、アメリカ時代に準備を始めたと言ってよいであろう。

日米関係

さて、前にも述べたとおり、清沢は移民問題すなわち日米関係ではないという見解を持っていた。したがって彼の日米関係観は、別個にこれを論じなければならないであろう。

清沢がサンフランシスコに移ったのは、同地でパナマ運河開通記念万国博覧会（一九一五年二～十二月）が開かれる少し前のことであった。万国博が終了するにあたって清沢は一文を著し、日米関係における博覧会参加の意義について論じている（「山脇事務官長に与ふるの書――大博参加事業を論じ併せて日米問題に及ぶ」、『新世界』一九一五年十二月四日。清沢生の署名入り）。それによれば、清沢は以前は万国博参加には反対であった。なぜなら、博覧会参加によって日米関係を改善し、とくに土地法問題を解決ないし緩和しようとする強い期待が日本政府や邦人社会に存在し、彼はその不可能を確信していたからであった。しかし今、やはり参加してよかったと思うと清沢は素直に述べる。各方面で日本への関心が盛り上がって研究会のようなものができたし、また議会に提出された排日法案も、何時の間にか委員会で握り潰しとなることが多かった。幾分か、排日の風潮はたしかに緩和されたと、清沢も考える。

しかしこうした影響は日米関係の根本に触れることはないと清沢は言う。それどころか、このような表面的な遠慮が無くなるだけ、これからは厳しくなると言う。「実力養生也、実力養生也、而して力の充実なり、故国と在留同胞の力の充実を外にして、日米問題の解決は思ひも寄らず」と清沢は論じ、表面的な親善・友好などにとらわれず、日米関係の根本を見つめよと論じたのである。

ところで、日米親善の風潮は、その後一九一七年四月になって一挙に高まることとなった。アメリカがドイツを相手に宣戦を布告し、その結果日本とアメリカは同盟国となったからである。祖国とアメリカとの対立に常に不安を感じていた在米邦人の間に、非常な興奮が巻き起こったのは当然であった。四月七日の『新世界』は一面のトップに「在留日本人に檄す」という社説を掲げ、アメリカの参戦決定を強く歓迎し、在留邦人の覚悟を促し、その第一歩として米国赤十字への協力を呼びかけた。この社説はその末尾を、「大方の諸君子、請ふ此挙を賛助せよ、庶幾《こいねがわ》くは日本人に対する一分の誤解者流をして其迷夢を一掃せしむるに足ると共に、亦た実に敵国膺懲の趣旨を徹底するの一助足らずとせんや、敢て檄す」と結んでいる。そこに在米邦人の日米親善熱の昂揚ぶりとその理由とがうかがわれる。

日米親善ムードは石井菊次郎特派大使のアメリカ派遣によって一層高まり、(9)石井ランシング協定の締結によってその頂点に達した。『新世界』は石井の到着に際し、藺相如《りんしょうじょ》が秦に使した故事を引いて石井を激励し、歓迎した（八月十三日）。また協定の成立に際しては、「全世界平和の上にも大々的効績《ママ》をなしたるものと賞せざるを得ざる也」と述べて、祝意を表した。

ところが清沢の態度は、以上のような『新世界』の態度と比べて、異質であった。たとえば九月二十四日の「案頭陳言」（一記者）は、石井の各地における演説が好評であることに触れ、これを歓迎しながらも、「両国の間に真個の諒解を得んとする、区々辞令の巧みを以て之を能くす可きにあらず」と述べ、楽観を戒めている。この一文の中には、清沢がかんらい石井の訪米に多くを期待していなかったことも述べられている。また十月十六日には「日本の優先権とは何ぞや」（一記者）において、石井とランシングとの間に中国に関する日本の何らかの優先権について合意がなされたという情報について触れ、「所詮開けて口惜しき玉手箱の類ならざるを得るか」と疑問を呈している。要するに清沢の態度は『新世界』全体と比べて醒めており、石井に対しても冷淡かつ懐疑的であった。

残念ながら現実に成立した石井ランシング協定に対する清沢の評価は知ることができない。清沢の予測以上に、当時の日本にとって好都合な協定が成立したわけで、その意味では清沢の予測は外れた。しかしアメリカの極東政策の流れの中で見るとき、やはり石井ランシングは異質な事件であって、日米間の解釈の相違はただちに表面化し、日本はついに一度もこの協定の内容を享受することができず、そのうちにワシントン会議において廃棄が決定してしまったのである。したがって長期的に見るとき、やはり「開けて口惜しき玉手箱」であったことは否めず、その意味では清沢の言は正しかったことになるであろう。

清沢がむしろ注目したのは、この表面的な日米友好ムードの中で顕在化した対立の側面であった。一九一七年九月二十日の「案頭陳言」（一記者）で清沢は次のように述べている。先日石井特使はペリーの墓に詣でてペリーを日本の恩人と呼んだ。通常の意味における恩人ではないけれども、たしかに恩人には違いない、ただし、今日また日本はアメリカに向かって感謝すべきことがある。それはアメリカ鉄材輸出禁止措置である。顧みれば日本は参戦以来三年、列強が生死を賭けた争いをしているさなかにただ金儲けをして日を過ごしてきた。これは参戦国の一つとしては余りに安易な態度であった。その間に、戦後にわたる大経綸を樹立することもしなかった。アメリカの鉄輸出禁止が発表されると、多くの抗議が出たが、アメリカにはそれなりの理由のある措置である。これによって日本はようやく迷夢から覚めて、自給策を含む根本政策の樹立を説くものが出てきた。確かにそれは遅いけれども、やはり喜ぶべきである。アメリカに対しては、このように日本の自覚を促してくれたことで感謝しなければならない。このように清沢は論じた。表面的な友好親善の掛け声ではなく、実力養成を第一とせよという点で、清沢の主張は特色を持ち、一貫していたのである。

小沢孝雄試訴問題

さて、アメリカが世界大戦に参戦した頃から、在米邦人社会では興味深い問題が持ち上がっていた。日本人に帰化権があるかどうかを最高裁で争おうとした小沢孝雄試訴問題がそれである。

周知のように、カリフォルニア排日土地法などの排日法は、日本人を名指しで排斥していたわけではなく、帰化不能外国人には権利を認めないという規定であった。しかし日本人が帰化不能であるかどうかは、必ずしも自明ではなかった。帰化可能な外国人は、一七九〇年の最初の帰化法以来、「自由な白人」ということであり、一八七〇年にはこれに「アフリカ人またはその子孫」がつけ加えられた。しかし一九〇六年の新帰化法では、このような人種関係の規定は設けられなかった。したがって一九〇六年の新法がなお旧法の人種関係の規定に拘束されるのかどうか、またもしそうだとしても、白人などという非学術的な用語が何を指すのかという問題があった。「自由な白人」は、ときに「コーカサス人種」と言いかえられることもあったが、それでも、アジアにおけるトルコ人やインド人、さらに白でも黒でもないメキシコ人などについては、はっきりした説明をすることは困難であった。日本人の帰化が絶対に不可能であるとは、法文上は言えなかったのである（フランク・F・チューマン〔小川洋訳〕『バンブー・ピープル』一〇六〜一〇八頁）。

ここにホノルルの小沢孝雄なる人物が帰化申請の訴訟を起し、ホノルルで敗訴したのちサンフランシスコの巡回裁判所に控訴したところ、同裁判所はただちに判決を下さず、一九一七年五月、在米日本人の帰化権に関して最高裁判所の判断を求めることとなった。こうして問題は小沢個人の問題を超えて、在米日本人の帰化権一般の問題となり、遠からず最終的な判断が下されることとなった。当初邦人社会では時期尚早その他の理由で小沢に取り下げを勧告する動きがあったが、小沢はあくまで最高裁の判断を求めるとして譲らなかったため、邦人社会では小沢を支持すべきかどうかをめぐって大論争となったのである（小沢孝雄「帰化事件と余の立場」〔『新世界』一九一七年七月一日〕、「帰化問題とは何ぞ」〔『新世界』一九一八年五月十三日〕その他）。

議論の一つは、小沢がこうした訴訟を行なうのにふさわしい人物であるかどうかであった。

在留邦人全体の運命に関わる問題だから、元在米日本人会会長牛島謹爾あたりを立てるべしとする議論があったらしい。これに対し清沢は、小沢が訴訟を起しているのを、世論の名で圧力をかけたり撤回させたりすべきではないと主張している。

第二に、せっかく日米関係が好転しているのに、こうした訴訟を起こせば、アメリカの対日感情を損なうという反対論が、とくに外務省あたりに強かったという。これに対して清沢は、日本の訴訟観念を以てアメリカのそれを律する全くの愚論だと批判している。すなわち、アメリカでは訴訟は必ずしも敵対行為ではなく、物事の理非が判明しない時、法廷に判断を求めるのは最も当を得た方法なのであって、試訴がアメリカの怨を買うことなどありえないと述べている。

さらに第三に、訴訟を行なうのに適当な時期であるかどうかの議論が盛んになされていた。当時、アメリカで生れた日系二世はもちろん、市民権がなくても志願してヨーロッパの戦場に赴く日本人があったが、このような時こそ訴訟にふさわしいとする見方と、もう少し待てばもっとよい時期が来るという見方とが対立していた。これに対し清沢は別の観点から批判している。すなわち、これらは最高裁が世論や政治の動向に左右されるということを自明の前提とする議論である、しかし司法権の独立はアメリカ憲法の最も重要な部分の一つである、これを疑うのはアメリカの国体を疑うに等しい。こう述べて清沢は、最高裁を信頼してその判断を求めるべきだと主張した(「帰化権試訴の議論は明白也」(無署名、一九一八年五月七日)、「暴露したる先輩の不用意」(桑港太郎、五月八—十日)。なお五月七日の社説は五月八日の議論と酷似しているので、清沢のものに間違いない)。

この訴訟問題は、移民社会における派閥対立などもからんだ問題だったらしく、賛否両論の詳細にはよく分からないところもある。しかし清沢の議論が、アメリカの法と政治の理解を踏まえた筋の通ったものであることは、改めて指摘するまでもあるまい。

清沢洌は一九三九年初頭の『北米時事』に掲載した「熱海より」という一文において(月日不明)、「北米時事の読者ほど僕にとって親しみやすい人々はない」と述べている。同じことがこの『新世界』についても言えるだろう。それは、彼がそこで青年期を過ごし、ジャーナリストとして最初の一歩を踏み出したということだけを意味しているのではない。彼の評論活動の基本的な枠組が作られたという意味において、これら二紙は彼にとって最も忘れ難い新聞であったのである。

実際、『新世界』に書かれた清沢の論説や記事を読むとき、後年の清沢の評論を特徴づけるいくつかのテーマが、早くも姿を現していることに驚かされる。その一つはアメリカの政治・社会・文化・労働・司法等への的確な理解であり、アメリカ文明の根底に横たわる精神的価値に対する高い評価である。また他の一つは、日本人の自治能力の欠如と事大主義への厳しい批判である。そしてこの両者が交錯する日米関係については、それを表面的な友好親善のレヴェルでとらえる傾向を批判し、より根底的な相互的必要性のレヴェルまで溯ってとらえようとする視点を提示していたことである。より専門的な外交論についても、何人かの優れた専門家と出会うことによって、関心は深まりつつあった。

しかし、このような清沢の思想が、この時期のアメリカに移民として暮したことからほぼ自動的に生み出されたと考えるとすれば、それは誤りであろう。すでに明らかなように、清沢の議論は、ほとんどの場合むしろ少数派のそれであった。在米邦人社会は多くの点で、日本以上に日本的な社会であって、清沢はそれに埋没し一体化するのではなく、むしろ反発して距離を置くことによって、在米邦人社会のみならず、日本そのものを見透す視点を身につけていったのである。当然のことであるが、評論家清沢は、清沢というユニークな個性と、日本人移民排斥運動の渦中に移民としてアメリカに滞在したというユニークな経験の二つが出会うところに成立したのであって、そのいずれが欠けてもならなかったのである。

清沢は一九一八年七月、一二年におよぶアメリカ生活を終えて日本に帰った。そしてしばらく横浜の貿易商で働いたのち、一九二〇年八月頃中外商業新報に入って、日本におけるジャーナリストとしての第一歩を踏み出した。そこで清沢が書いた最初の長い論文が、第二次カリフォルニア排日土地法を論じた「加州問題対応策」(一九二〇年九月二十一～二十七日、七回連載)であった。彼が長年取組んだ問題で、事実上日本での活動を始めたことは、まことに象徴的であった。

その中で清沢はアメリカ時代以来の持論を展開し、日本人移民排斥問題は決して解決されないけれども、日本人移民がこれによって絶体絶命の危機に陥るわけではないと述べて、「生きると云ふ問題の前には由来法律などは欠点の多いものである」という印象的な言葉を記している。この言葉に対応する言葉を、我々は晩年の『暗黒日記』の中に見出すことができる。すなわち一九四四年七月二十九日、清沢はサイパンの陥落について、「せめて普通人にそこに居残ることを命じたらどうだろう。そうすれば将来、そこの経済的基礎ができるのである」と書いている。

二十四年をへたこの二つの言葉には、国家や政治といったレヴェルを越えた、社会と人間の根底に対する稀有の洞察がある。ここから、満洲経営と中国政策に対する清沢の批判が生み出され、徹底した対米協調を根幹とする対外政策が生み出されたのであった。そしてその準備は、少なくとも若き日の『新世界』時代に、ほぼ出来上がっていたのであった。

(1) 筆者が入手しえたのは、University of California at Berkeley 図書館所蔵のマイクロフィルム版である。入手に当たっては、東京大学大学院の樋渡展洋氏（現・東京大学社会科学研究所教授）のご助力を得た。記して厚く感謝したい。

（2）『新世界』一九一五年七月二十五日には、清沢生の名による「自づから立つ強き心」という一文があり、そこには、シアトルを去って「僅かに十ヶ月にしかならない」とある。これから逆算して、清沢がサンフランシスコに移ったのは、一九一四年の九月か十月のことだと思われる。

（3）清沢の残したスクラップ・ブックには、彼の執筆にかかる記事が網羅的に残されており、とくに中外商業時代に彼がどのようなペンネームを用いていたかを知ることができる。

（4）さらに清沢は、一九一七年一月一日の「米国に於る日本字新聞」という署名入りの一文においても、アメリカにおける邦字紙はいったん固定読者を得ると、「毎日日本の切り抜きを一月位も続けて居つても、某新聞万歳で通つて行く」と述べ、邦字紙とその読者の日本情報偏重を皮肉まじりに批判している。

（5）前掲「米国に於る日本字新聞」（一九一七年一月一日）。なお、後年清沢は、「台湾のミンチョク」（『文藝春秋』一九三五年四月号）というエセーを著し、台湾では民間の日本人社会の有力者を民間の勅任官、略して民勅と呼ぶ習慣があると述べ、その官尊民卑ぶりを痛烈に皮肉ったことがある。その末尾で突然清沢は、在米邦人社会では、台湾の民勅にあたる人を元老と呼ぶ習慣があると述べ、アメリカにやって来たある皇族がそれを聞き、西園寺を思い出したらしく愉快そうに笑ったというエピソードを紹介している。権威主義に変わりはないにしても、位階勲等を争うことに比べれば遥かにおおらかだと、昔を思い出して感じていたのではないだろうか。

（6）『新世界』一九一四年十二月五日の「忘れたる一方面」は、日米親善をはかるために最も重大にして最も閑却された方面があるとして、それは「排日党に近づき、排日党を優待し、排日党を説破し、排日党を味方にするの方法を講じざる事なり」と述べている。無署名であるがおそらく清沢の執筆と思われる。なお清沢は後年においても、労働運動に限らず反日派と接触することの必要をしばしば説き、また自ら実践した。たとえば一九二九年に渡米したときには、「加洲排日の巨頭」と言われていたマクラッチーに会い、なごやかに懇談している。マクラッチーは清沢に対し、自分は「日本人に対して公平であらんこと」に努めており、「意見の相違は仕方がないが、自分がなしたことが間違つて居りはしなかつたかについて、たへず研究してゐる」と語り、メキシコ人とフィリピン人の入国を例に挙げ、「いずれも米国に同化出来ない国民でありながら入国を許してゐるのは日本人に対して公平でない」という意見を述べた。またマクラッチーは、彼の地元であるサクラメントの日本人ボーイスカウトはアメリカで最も優秀であると繰り返し語った。清沢は、マクラッチーは「頗る紳士」であり、日本人に対して確かに尊敬を払っていると感じた（「清沢洌日記」一九二九年十一月十三日）。むやみに排日派のレッテルを貼るのではなく、その主張に十分耳を傾ける必要があると清沢はあらためて感じたことであろう。

（7）このうち十一月二十九日の記事は無署名であり、十二月十日の記事には「一記者」の署名がある。ただしこの二つの記事が同一人物によるものであることは、十二月十日の記事から明らかである。

（8）このうち三月九日の記事にのみ「一記者」の署名があるが、他の二度も同一の筆者であることが明らかである。

(9) たとえば四月十三日の「参戦と日米問題――特使派遣を実現せよ」は、アメリカの参戦を、「米国が帝国と共同敵なる独逸の為めに起てるは吾人が人道の為め文明の為め最も喜ぶ事」と最大級の言葉で歓迎し、相互の利害の調節のため特使派遣を是非実現せよと説いている。

参考文献

一、清沢著訳書（共著、パンフレット類を除く）

『米国の研究』（一九二五年十一月、日本評論社）
『モダンガール』（一九二六年十一月、金星堂）
『黒潮に聴く』（一九二八年四月、萬里閣書房）
『自由日本を漁る』（一九二九年五月、博文堂出版部）
『転換期の日本』（一九二九年十月、千倉書房）
『巨人を語る』（一九三〇年一月、三省堂）
『アメリカを裸体にす』（一九三〇年十二月、千倉書房）
『不安世界の大通り』（一九三一年四月、千倉書房）
『フォード』（一九三一年六月、三省堂）
『アメリカは日本と戦はず』（一九三二年十月、千倉書房）
（訳書）ヒラリオ・カミノ・モンカド『亜細亜モンロー主義』（一九三三年二月、千倉書房。Hilario Camino Moncado, *America, the Philippines, and the Orient*, 1932. の翻訳）
『非常日本への直言』（一九三三年三月、千倉書房）
『革命期のアメリカ経済』（一九三三年十一月、千倉書房）
『激動期に生く』（一九三四年七月、千倉書房）
『混迷時代の生活態度』（一九三五年一月、千倉書房）

『現代日本論』（一九三五年六月、千倉書房）
『世界再分割時代』（一九三五年十一月、千倉書房）
『時代・生活・思想』（一九三六年十月、千倉書房）
（訳書）ヘンリー・スティムソン『極東の危機』（『中央公論』一九三六年十一月号別冊付録。Henry L. Stimson, *The Far Eastern Crisis: Recollections and Observations*, 1936. の翻訳）
『ソ聯の現状とその批判』（一九三七年九月、東洋経済新報社）
『現代世界通信』（一九三八年十二月、中央公論社）
『第二次欧洲大戦の研究』（一九四〇年四月、東洋経済新報社）
『外交史』（一九四一年六月、東洋経済新報社、『現代日本文明史』第三巻）
『外政家としての大久保利通』（一九四二年五月、中央公論社）
『日本外交史』（全二冊、一九四二年九月、東洋経済新報社）
橋川文三編『暗黒日記』（全三冊、一九七〇年～七三年。新版全一冊、一九七九年、評論社）

二、伝記関係主要資料

〔未公刊資料〕

笠原政一宛清沢書簡（笠原清明氏所蔵）
清沢洌宛書簡（池田まり子氏所蔵、以下二点も同様）
清沢洌日記――『暗黒日記』収録部分の他に、昭和四～五年、六～七年、十二～十三年がある。
清沢洌関係新聞記事スクラップ・ブック――清沢の執筆になる新聞記事と清沢に関する新聞記事とをほぼ網羅したと思われるもの。大正一二年から昭和二〇年まで計一〇冊がある。本書の中に、掲載紙不明の記事をいくつか引用したのは、いずれもこのスクラップ・ブックにあって、紙名を特定できなかったものである。

〔刊行資料〕

斎藤茂・横内三直編『井口喜源治』（一九五三年。一九七六年増補改版、井口喜源治記念館）——井口関係者の多くの回想を含む。

同志社大学人文科学研究所編『松本平におけるキリスト教——井口喜源治と研成義塾——』（一九七九年、同朋舎出版）——研成義塾関係の資料と研究。

南安曇教育会、井口喜源治研究委員会編『井口喜源治と研成義塾』（一九八一年、南安曇教育会）——清沢の初期の書簡や、同人雑誌『天籟』および『新故郷』に掲載された初期の文章を含む。資料の現物はいずれも井口記念館（長野県穂高町）に所蔵されており、その中には、この本に掲載されなかった清沢の書簡も若干ある。

〔回想類〕

芦田均「清沢君を憶う」（『民主新論』第一巻第二号〔一九四八年七月〕所収）

雨宮庸蔵「清沢洌さんの片影」（『中央公論』一九八六年五月号所収）

石橋湛山「清沢洌君の思い出」（『東洋経済新報』一九五四年七月七日号所収、のち『石橋湛山全集』第一三巻所収）

清沢洌「無名の大教育家」（『雄弁』第三〇巻七号〔一九三九年七月〕所収、のち『井口喜源治』所収）

鈴木文史郎「生れつきの自由主義者」（『民主新論』第一巻第三号〔一九四八年八月〕所収）

馬場恒吾「二七会と清沢君」（『民主新論』第一巻第三号〔一九四八年八月〕所収）

升川清雄「運命の出会い」（『国会の友』第三巻〔一九七〇年一月〕所収）

松原木公「清沢君の片鱗」（『日米時代』一九五四年八月号、九月号所収）

三、主要研究論文

伊藤一男「野に咲いたバラ・清沢洌」(伊藤『北米百年桜』〔一九七三年。一九八四年復刻、PMC出版〕所収)
北岡伸一「清沢洌」(内田健三編『言論は日本を動かす』第八巻〔一九八五年、講談社〕所収)
北岡伸一「対米外交の条件——清沢洌の日米関係観——」(『中央公論』一九八六年三月号所収)
酒井真理「清沢洌の外交思想」(『みすず』一九七七年七月号所収)
橋川文三「解題」および「仮年譜」(橋川編『暗黒日記』所収)
武田清子「清沢洌のファシズム批判——没後四十年に際して——」(『世界』一九八五年六月号所収)
宮沢正典「外交評論家の抵抗——清沢洌——」(同志社大学人文科学研究所編『戦時下抵抗の研究』II〔一九六九年、みすず書房〕所収)
宮沢正典「清沢洌」(同志社大学人文科学研究所編『松本平におけるキリスト教——井口喜源治と研成義塾——』〔一九七九年、同朋舎出版〕所収)
山田研「清沢洌の自由主義と反ファシズム思想」(日本史攷究会編『熊谷幸次郎先生古稀記念論集』〔一九八一年、文献出版〕所収)
山本義彦「自由主義評論家清沢洌の生誕・覚書——昭和戦前期を乗り超えるもの——」(田中浩編『近代日本におけるジャーナリズムの政治的機能』〔一九八二年、御茶の水書房〕所収)
山本義彦「戦時下自由主義の相貌——清沢洌評伝のために——」(『静岡大学法経研究』第三一巻第一・二号〔一九八二年七月〕所収)

四、一九八七年以降に刊行または発表されたもの

参考文献

山本義彦編『暗黒日記　一九四二―一九四五』（一九九〇年、岩波文庫）
『外政家としての大久保利通』（一九九三年、中公文庫）
山本義彦編集・解説『清沢洌選集』（全八巻別巻一、一九九八年、日本図書センター）
Kiyoshi Kiyosawa, Eugene Soviak, ed., *A Diary of Darkness*, Princeton: Princeton University Press, 1998.
橋川文三編『暗黒日記』（全三冊、二〇〇二年、ちくま学芸文庫）
山本義彦編『清沢洌評論集』（二〇〇二年、岩波文庫）

＊

北岡伸一「吉田茂と清沢洌――清沢洌書簡に見る外交官出身総理大臣の歴史意識」（財団法人吉田茂記念事業財団編『人間 吉田茂』〔一九九一年、中央公論社〕所収）
北岡伸一「清沢洌におけるナショナリズムとリベラリズム――日中戦争下の欧米旅行日記より――」（『立教法学』四二号〔一九九五年七月〕所収）
山本義彦『清沢洌の政治経済思想――近代日本の自由主義と国際主義』（一九九六年、御茶の水書房）

清沢洌略年譜

明治二三（一八九〇）年		二月、長野県南安曇郡北穂高村に生まれる。
明治三六（一九〇三）年	一三歳	三月、北穂高村小学校卒業。四月、研成義塾に入る。
明治三八（一九〇五）年	一五歳	九月、日露戦争終わる。
明治三九（一九〇六）年	一六歳	三月、研成義塾卒業。一〇月、サンフランシスコで日本人学童隔離問題起こる。一二月、渡米（翌年一月シアトル着）。
明治四四（一九一一）年	二一歳	春頃、『北米時事』タコマ支社主任となる。
大正二（一九一三）年	二三歳	一月、同郷の有志とともにシアトルで穂高倶楽部を結成。一時帰国し、早稲田大学に合格するが、学資不足のため入学を断念し、帰米（五月）。五月、カリフォルニア州で排日土地法成立。
大正三（一九一四）年	二四歳	一〇月頃、サンフランシスコの『新世界』に移る。
大正七（一九一八）年	二八歳	八月、帰国。九月、原敬内閣成立。一一月、第一次世界大戦終わる。
大正八（一九一九）年	二九歳	四月、萱川商会の仕事で渡米（一二月帰国）。
大正九（一九二〇）年	三〇歳	八月頃、中外商業新報社に入る。一〇月、福井貞と結婚。一一月、カリフォルニア州で第二次排日土地法成立。一二月、松本の歩兵第五十連隊に入る（翌年一月除隊）。
大正一〇（一九二一）年	三一歳	一一月、高橋是清内閣成立。ワシントン会議（～翌年二月）。
大正一一（一九二二）年	三二歳	六月、加藤友三郎内閣成立。一一月頃、『中外商業新報』の「青山椒」

		欄の責任者となる。
大正一二（一九二三）年	三三歳	九月、関東大震災で妻子を失う。第二次山本権兵衛内閣成立。中外商業新報社の通報（外報）部長となる。
大正一三（一九二四）年	三四歳	一月、清浦奎吾内閣成立、第二次護憲運動起こる。五月、アメリカで排日移民法成立。六月、加藤高明内閣（護憲三派内閣）成立。朝鮮・満洲・中国旅行（～八月）。
大正一四（一九二五）年	三五歳	八月、第二次加藤高明内閣成立。一一月、最初の著書『米国の研究』を刊行。
大正一五 昭和元（一九二六）年	三六歳	一月、若槻礼次郎内閣成立。一一月、『モダンガール』を刊行。一二月、源川綾子と再婚。
昭和　二（一九二七）年	三七歳	春、目蒲線の鵜の木に転居。四月、田中義一内閣成立。五月、東京朝日新聞社に入り、企画部次長となる。一〇月、長男瞭誕生。
昭和　三（一九二八）年	三八歳	四月、『黒潮に聴く』を刊行。六月、張作霖爆殺事件起こる。
昭和　四（一九二九）年	三九歳	五月、『自由日本を漁る』を刊行。同書所収の「甘粕と大杉の対話」に対し、右翼から激しい批判起こり、七月、東京朝日を退社。浜口雄幸内閣成立。八月、渡米。この頃、清沢の提唱で、『中央公論』の常連執筆者の間に二七会が結成される。一〇月『転換期の日本』を刊行。世界恐慌始まる。
昭和　五（一九三〇）年	四〇歳	一月、次女英子誕生。ロンドン海軍軍縮会議を取材（～四月）。一〇月、帰国。一一月、浜口首相狙撃され重傷（翌年八月死去）。一二月、『アメリカを裸体にす』を刊行。この頃、『報知新聞』の論説委員とな

る（〜昭和一四年一月）。

昭和 六（一九三一）年	四一歳	四月、『報知新聞』の北太平洋横断飛行の準備と取材のため渡米。第二次若槻礼次郎内閣成立。九月、満洲事変起こる。一二月、犬養毅内閣成立。
昭和 七（一九三二）年	四二歳	一月、上海事変起こる。三月、満洲国建国を宣言。五月、五・一五事件。斎藤実内閣成立。八月、帰国。内田康哉外相、いわゆる「焦土外交」答弁。九月、日満議定書調印（満洲国承認）。一〇月、『アメリカは日本と戦はず』を刊行。リットン調査団報告書公表される。
昭和 八（一九三三）年	四三歳	二月、「内田外相に問ふ」（『中央公論』三月号）を発表。訳書『亜細亜モンロー主義』を刊行。三月、『非常日本への直言』を刊行。国際連盟脱退の詔書。四月、「松岡全権に与ふ」（『中央公論』五月号）を発表。五月、塘沽停戦協定。九月、広田弘毅、外相に就任。一一月、アメリカ、ソ連を承認。『革命期のアメリカ経済』を刊行。
昭和 九（一九三四）年	四四歳	四月、天羽声明問題となる。七月、岡田啓介内閣成立。『激動期に生く』を刊行。八月、中央公論社の全日本巡回講演会の講師として全国を講演旅行（〜一〇月）。
昭和一〇（一九三五）年	四五歳	一月、『混迷時代の生活態度』を刊行。台湾に講演旅行、次いで華南を旅行（二月帰国）。二月、天皇機関説事件起こる。六月、『現代日本論』を刊行。一一月、『世界再分割時代』を刊行。
昭和一一（一九三六）年	四六歳	二月、二・二六事件。三月、広田弘毅内閣成立。一〇月、『時代・生活・思想』を刊行。一一月、日独防共協定調印。

昭和一二（一九三七）年	四七歳	一月、宇垣一成、組閣に失敗。二月、林銑十郎内閣成立。六月、近衛文麿内閣成立。七月、日中戦争勃発。九月、国際ペン・クラブ理事会出席のため渡欧。『ソ聯の現状とその批判』を刊行。一〇月、ローズヴェルト大統領、隔離演説。一一月、ロンドンで国際ペン・クラブ理事会開かれる。ブリュッセルで九カ国条約会議を取材。日独防共協定にイタリア参加。
昭和一三（一九三八）年	四八歳	二月、吉田茂駐英大使に協力してイギリスの新聞・雑誌への投書活動に従事（～四月）。五月、プラハの国際学術会議に出席。七月、帰国。九月、「宇垣外交論」（『改造』九月号）を発表。一〇月、門戸開放に関し、アメリカの抗議。一一月、近衛首相、東亜新秩序宣言。有田外相、対米回答で門戸開放原則の妥当性を否認。一二月、『現代世界通信』を刊行。この年、東洋経済新報社顧問となる。また、将来の生活に備えてレストラン銀星に出資。
昭和一四（一九三九）年	四九歳	一月、平沼騏一郎内閣成立。六月、国民学術協会結成され、会員となる。七月、アメリカ、日米通商航海条約の廃棄を通告。八月、独ソ不可侵条約。阿部信行内閣成立。九月、第二次世界大戦始まる。
昭和一五（一九四〇）年	五〇歳	一月、米内光政内閣成立。四月、『第二次欧洲大戦の研究』を刊行。六月、日本外交年表の作成に着手。七月、第二次近衛文麿内閣成立。九月、日独伊三国同盟調印。一一月、「三選ローズヴェルトの肚」（『改造』一二月号）を発表。

昭和一六（一九四一）年	五一歳	二月、内閣情報局、各総合雑誌に執筆禁止者名簿を内示（清沢、馬場恒吾、水野広徳、横田喜三郎、田中耕太郎、矢内原忠雄ら）。四月、日ソ中立条約調印。六月、『外交史』を「現代日本文明史」の第三巻として刊行。七月、第三次近衛文麿内閣成立。一〇月、東条英機内閣成立。一二月、日米戦争始まる。
昭和一七（一九四二）年	五二歳	五月、『外政家としての大久保利通』を刊行。九月、『日本外交史』を刊行。一二月、「戦争日記」（のちの『暗黒日記』）の執筆を始める。
昭和一九（一九四四）年	五四歳	七月、小磯国昭内閣成立。一二月、日本外交史研究所を設立。
昭和二〇（一九四五）年	五五歳	四月、鈴木貫太郎内閣成立。五月、肺炎のため死去。八月、終戦。

ラ・ワ行

ナ・ハ行

マ・ヤ行

サ 行

タ 行

人名索引

北岡伸一（きたおか・しんいち）

1948年，奈良県生まれ．71年，東京大学法学部卒業．76年，同大学大学院博士課程修了，法学博士．立教大学法学部教授を経て，97年より2012年まで東京大学法学部教授．04年から06年まで国連代表部次席大使．政策研究大学院大学教授，国際大学学長を経て，15年より国際協力機構（JICA）理事長．東京大学名誉教授．

著書『日本陸軍と大陸政策』（東京大学出版会，1978年）
『後藤新平』（中公新書，1988年）
『日米関係のリアリズム』（中公叢書，1991年，読売論壇賞受賞）
『自民党――政権党の38年』（読売新聞社，1995年，吉野作造賞受賞．中公文庫，2008年）
『政党から軍部へ』（中央公論新社，1999年．中公文庫，2013年）
『国連の政治力学』（中公新書，2007年）
『日本政治史――外交と権力』（有斐閣，2011年）
『官僚制としての日本陸軍』（筑摩書房，2012年）
『門戸開放政策と日本』（東京大学出版会，2015年）
など多数

清《きよ》沢《さわ》洌《きよし》　増補版
中公新書 *828*

1987年1月25日初版
1999年6月15日3版
2004年7月25日増補版初版
2017年6月30日増補版再版

著　者　北岡伸一
発行者　大橋善光

本文印刷　三晃印刷
カバー印刷　大熊整美堂
製　本　小泉製本

発行所　中央公論新社
〒100-8152
東京都千代田区大手町1-7-1
電話　販売 03-5299-1730
　　　編集 03-5299-1830
URL http://www.chuko.co.jp/

Published by CHUOKORON-SHINSHA, INC.
Printed in Japan　ISBN4-12-190828-7 C1221

中公新書

現代史

f 1

2105 昭和天皇　古川隆久
2309 朝鮮王公族―帝国日本の準皇族　新城道彦
765 日本の参謀本部　大江志乃夫
632 海軍と日本　池田　清
2192 政友会と民政党　井上寿一
377 満州事変　臼井勝美
1138 キメラ―満洲国の肖像（増補版）　山室信一
2348 日本陸軍とモンゴル　楊　海英
1232 軍国日本の興亡　猪木正道
2144 昭和陸軍の軌跡　川田　稔
76 二・二六事件（増補改版）　高橋正衛
2059 外務省革新派　戸部良一
1951 広田弘毅　服部龍二
1532 新版　日中戦争　臼井勝美
795 南京事件（増補版）　秦　郁彦
84 90 太平洋戦争（上下）　児島　襄
2387 戦艦武蔵　一ノ瀬俊也
2337 特攻―戦争と日本人　栗原俊雄
244 248 東京裁判（上下）　児島　襄
1307 日本海軍の終戦工作　纐纈　厚
2119 外邦図―帝国日本のアジア地図　小林　茂
2015 「大日本帝国」崩壊　加藤聖文
2296 日本占領史 1945-1952　福永文夫
2175 残留日本兵　林　英一
2411 シベリア抑留　富田　武
828 清沢《きよさわ》洌《きよし》（増補版）　北岡伸一
2171 治安維持法　中澤俊輔
1759 言論統制　佐藤卓己
2284 言論抑圧　将基面貴巳
1711 徳富蘇峰　米原　謙
1243 石橋湛山　増田　弘